Dr. Hermann Burgard

Dingir, nicht „Götter" retteten die Menschen nach der Sintflut

Greifbare Beweise für ein neues Geschichtsbild

Vorgeschichtliche Hochtechnik
überfordert Sprachforscher

Dr. Hermann Burgard

Dingir, nicht „Götter“ retteten die Menschen nach der Sintflut

Greifbare Beweise für ein neues Geschichtsbild

Vorgeschichtliche Hochtechnik
überfordert Sprachforscher

Dingir, nicht „Götter" retteten die Menschen nach der Sintflut"
1. Auflage Januar 2022

Ancient Mail Verlag Werner Betz
Europaring 57, D-64521 Groß-Gerau
Tel.: 00 49 (0) 61 52/5 43 75, Fax: 00 49 (0) 61 52/94 91 82
www.ancientmail.de
Email: ancientmail@t-online.de

Verantwortlich für die Produktsicherheit:
Ancient Mail Verlag – Werner Betz
Europaring 57, 64521 Groß-Gerau
Email: ancientmail@t-online.de

Bibliografische Information der Deutschen Nationalbibliothek:
Die Deutsche Nationalbibliothek verzeichnet diese Publikation in der Deutschen Nationalbibliografie; detaillierte bibliografische Daten sind im Internet über http://dnb.dnb.de abrufbar.

Covergestaltung: Karl Lesina, Luna Design, unter teilweiser Verwendung einer Grafik © Bernd Grathwohl und © Google Earth, Image Landsat/Copernicus – identisch mit Abb. 11 in Quelle [4] – und eines retuschierten kleinen Ausschnitts aus der Ur-Nammu-Stele, © University Museum, University of Pennsylvania, Philadelphia, Nr. B 16676.14
Druck: WIRmachenDRUCK GmbH, D-71522 Backnang

ISBN 978-3-95652-317-5

Inhalt

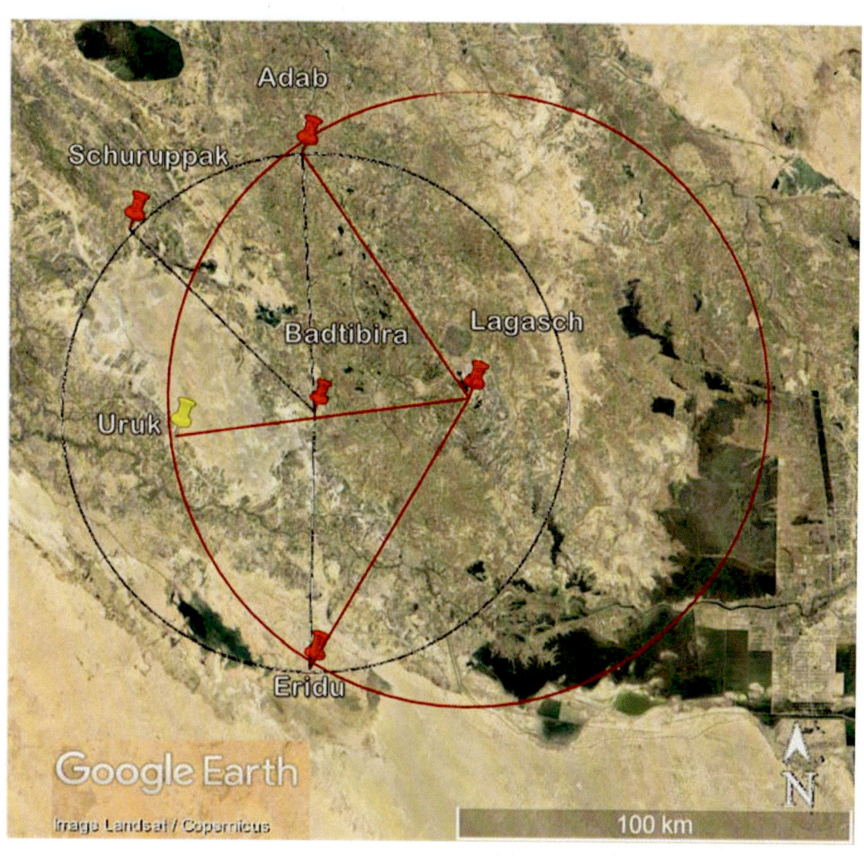

Abb. 1: Grafische Zusammenhänge zwischen Dingir-Orten in Sumer. © Google Earth, Image Landsat/Copernicus, Grafik © Bernd Grathwohl – identisch mit Abb. 11 in Quelle [4]

Kleine Vorgeschichten

Historisch

Ein riesiger Komet mit etwa 100 km Durchmesser drang vor etwa 20.000 Jahren aus dem Weltall in unser Sonnensystem ein und wirbelte hier vieles durcheinander. Die Himmelswissenschaftler sind überwiegend der Meinung, sein Nachfolger sei der heutige Komet ENCKE. Unter den Schwerkraftwirkungen der Planeten begann er mal langsamer, mal schneller zu zerbröckeln. Kleinere Zerfallsbrocken haben im Raum einerseits eine Art diffusen Ring gebildet, den die Erde viermal im Jahr ohne größere Gefahren kreuzt. Man spricht vom Tauriden-*Schwarm*. Die dickeren Kometentrümmer sammelten sich im All indessen andererseits in vier langen konzentrierteren Schleppen, die schlangenartig im Raum herumtreiben. Diese Tauriden-*Arme* hängen dem Planeten Erde jeweils nach mehr als etwa 6.000 Jahren im Laufe der Präzession quer über seinem Weg, wobei die jüngste stärker konzentrierte Einschlagserie so ungefähr 12.900 vor „heute“ begonnen haben soll.

Die anscheinend zum Teil recht großen Brocken, die die Atmosphäre so um 10.900 v. u. Z. und anschließend durchbohrten, zersprengten den nordamerikanischen Eisschild und ließen auch sonst ungeheure Mengen an Schmelzwasser entstehen, die weite Gebiete der Erdoberfläche in riesigen aufeinander folgenden Sturzwellen überrollten. Eis, Wasserdampf und „Dreck“ wurde immer wieder massenweise hochgeschleudert, die Sonne verdunkelte sich. Die Erdtemperatur sackte brutal ab. Das durch die Tauriden verursachte Durcheinander auf und über der Erde, als Zeitalter wissenschaftlich die **Jüngere Dryas** genannt, dauerte etwa 1.200 bis 1.300 Jahre.

Über diese Katastrophenzeit wird neben Hunderten von sog. Flutlegenden, die in den letzten zweihundert bis dreihundert Jahren aufgezeichnet worden sind, auch in **Textzeugen** berichtet, die zum Teil letztlich ursprünglich aus den drei Jahrtausenden vor Beginn unserer Zeitrechnung stammen.

Am bekanntesten dürfte die Erzählung über die verheerende Flut sein, die in der deutschsprachigen Fassung der Bibel als „Sintflut“ festgehalten wird. Gemäß dem ersten Buch Moses, Kapitel 7, kündigte der HERR an, er werde *„7 Tage später einen 40 Tage und Nächte dauernden Regen kommen lassen“*. Ich halte fest: Der biblische HERR hatte **Vorauskenntnis**!

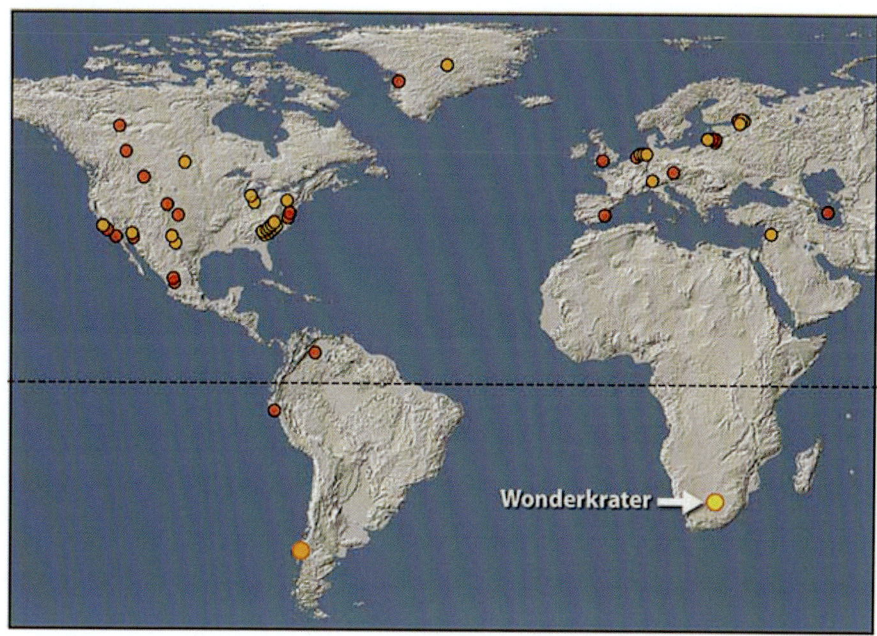

Abb. 2: Tatsächliche oder vermutete Einschlagstellen von größeren Meteoriten während des Durchgangs der Erde durch den Tauriden-Arm ab etwa 12.900 vor „heute“. (Quelle: Kennet et al., Nature, Scientific Reports, 2019; erweitert durch F. Thakeray, University of Witwatersrand)

Sodann gibt es die **Vorauswarnung**, die ein als *Dingir EN.KI* Bezeichneter gegenüber einem König *Ziusudra* von Schuruppak im Zweistromgebiet von Euphrat und Tigris ausgesprochen hat. In einem auf Sumerisch gehaltenen Keilschrifttext, der mal als „Flood Story“ im

ETCSL [14] unter 1.7.4 zu finden ist, mal als „Eridu Genesis“ [24] bezeichnet wird, wird in Teil C berichtet, wie diese Warnung erfolgt ist. *Dingir EN.KI* habe eine „Wand“ angesprochen, hinter der der König stand und angekündigt, *„eine Flut werde über die Erde hinwegfegen“*.

In einem auf Akkadisch gehaltenen Keilschrifttext wird ein *E.a* in ähnlicher Weise gegenüber *Atra-chasis* tätig, was sich in einer auf Babylonisch geschriebenen Fassung des Gilgamesch-Epos in Teil XI als Handlung gegenüber einem *Uta-napishtim* präsentiert. Doch weiß man inzwischen, dass Letzterer als Sohn eines Königs *U-bara-tu-tu* niemand anderes als *König Ziusudra* war.

In diesen grundsätzlich etwa seit mindestens 1.800 v. u. Z. als Keilschrift-Abschrift existierenden Texten wird **Vorauswissen** festgehalten.

Vorauswissen scheint auch bei einer Mitteilung des Lateinisch schreibenden römischen Historikers Herodot durch. Der erwähnt nämlich in seinem zweiten Buch der „Historien“ unter Ziffer 142 Aussagen, die die Priester im ägyptischen Tempel von Sais gemacht haben sollen. Demnach sollen sie um etwa 440 v. u. Z. darauf verwiesen haben, dass 341 Menschenalter vergangen sind, seit – wörtlich – kein *„Gott in Menschengestalt“* mehr im Tempel *„geherrscht“* habe. Setzt man für ein damaliges Menschenleben einen Durchschnitt von 30 Jahren an, bedeutet dies, dass die angesprochenen *„Götter in Menschengestalt“* rund 10.670 Jahre vorher verschwunden seien. Zählt man dazu die Spanne von unserer Jetztzeit zu Herodot von etwa 2.440 Jahren, kommt man zu 13.110 Jahren vor „heute“ für das Datum der Abreise. Der behauptete Zeitpunkt für das *„Verschwinden der Götter“* liegt zu dem eingangs erwähnten Katastrophenauslöser mit etwa 200 Jahren Differenz im Irrtumsbereich der Umrechnung von Menschenalter-Durchschnitten in konkrete Jahre. Ich komme daher nicht umhin anzunehmen, die kommende Katastrophe sei auch in Ägypten **im Voraus** bekannt gewesen und das behauptete *„Verschwinden der Götter“* sei bewusst erfolgt.

In den Übersetzungen der erwähnten Texte aus den genannten Originalsprachen werden demnach als Vorauswissende meist „Götter" angesetzt, wobei aber neben der „*Menschengestalt*" an diesen Stellen offen bleibt, was unter diesem Begriff konkret zu verstehen sein soll. Demgegenüber wird in der sumerisch gehaltenen *Ziusudra*-Erzählung stattdessen über einen namentlich genannten ***Dingir*** als vorausdenkende und handelnde und damit reale Person berichtet. Dagegen werden die Wissenschaftler, die sich mit Altorientalistik/Sumerologie befassen, sofort grundsätzlich einwenden, die Bezeichnung *Dingir* sei doch ebenfalls als „Gott/Göttin/Gottheit" zu übersetzen und habe keine andere Eigenbedeutung – und bestimmt nicht die einer realen Person.

Die hiermit vorgelegte Untersuchung möchte erstens aufzeigen, dass mit der Bezeichnung *Dingir* ursprünglich historisch klar definierte reale Persönlichkeiten gemeint waren, die nicht mit dem unklaren Begriff „Gott/Göttin/Gottheit" dargestellt werden dürfen. Parallel dazu werden für den Begriff *Dingir* Übertragungsalternativen auf Deutsch aufgezeigt.

Auch wird von den meisten Altorientalisten gemäß der ihnen eigenen Logik die einstige reale Existenz einer Mehrheit von *Dingir* als Personengruppe bestritten. Diese Untersuchung möchte daher zweitens deren reale geschichtliche Existenz mit sumerischen Keilschrifttexten, alten Ortsnamen und archäologischen Artefakten unterlegen.

Persönlich

Bevor ich in die wissenschaftliche Diskussion einsteige, noch einige Kurzberichte über ganz persönliche Erlebnisse, die mich beeindruckt haben und ebenfalls für die Abfassung dieses Buches mitbestimmend waren.

Nachdem anfangs 2012 meine erste Untersuchung „Encheduanna Geheime Offenbarungen" [1] veröffentlicht worden war, dauerte es nicht lange, bis sich ein Dr. YPSILON meldete (Klarname geändert, damit Anonymität gewahrt bleibt). Er versuchte sachlich, meine Übersetzung der einen oder anderen Zeile der „Tempelhymnen" [2] in Frage zu stellen. Der Mail-Austausch lief mehrere Wochen und es wurde immer klarer, dass insbesondere meine technologische Deutung einiger dieser Keilschriftzeilen dem Mann ein Dorn im Auge war. Er konnte aber meine sprachwissenschaftlichen Argumente meistens nicht ausräumen. Die Diskussion machte mir umso mehr Spaß, als ich hintenherum feststellen konnte, dass ich es mit dem ersten Assistenten eines Hamburger Ordinarius für Altorientalistik zu tun hatte. Doch dann kam plötzlich das Ende des Meinungsaustauschs. Als dem Gegenüber die Begründungen gegen meine technologische Interpretation dieser oder jener Zeile der „Tempelhymnen" ausgingen, kam – wörtlich – sein knappes Fazit: *„Was nicht sein kann, darf nicht sein!"*.

Das sollte mich aber, genau genommen, nur an eine Begebenheit erinnern, die sich schon vorher während des Schreibens der „Geheimen Offenbarungen" abgespielt hatte. Frau Professor Dr. Annette Zgoll galt schon damals als Spezialistin für Übersetzungen von Keilschrifttexten der sumerischen Königstochter Encheduanna, weshalb ich ihr noch während der Redaktion des o. g. Buches eine vorläufige Fassung meiner Übersetzung der „Tempelhymne" Nr. 8 (künftige Standardabkürzung hier: TH 8) übersandt hatte. Daraufhin war prompt eine kurze Antwort gekommen: *„Ich kann Ihre Ausführungen nicht nachvollziehen"*. Das Schreiben war von einer Sekretärin unterzeichnet.

Erstaunen musste mich das aber nicht, denn ich hatte ja in der Übersetzung der TH 8 schon zur Bezeichnung des Tempels von Ur in Sumer nachgewiesen, dass es um den *Schrein* für das (meine Übersetzungen und *Dingir*-Bezeichnungen immer in *Italics*) *zweitgrößte Fluggerät der Dingir* ging. Dazu hatte ich in meiner vorläufigen Übersetzung auch noch unterstrichen, dass die von ihr selbst und auch sonst von Altorientalisten normalerweise benutzte Bezeichnung „Mondgott" für den Tempelherrn *Dingir Nanna* letztlich auf die Übernahme von „Götter"-Vorstellungen zurückzuführen ist, die für den Zeitraum nicht zutreffen können, über den in den „Tempelhymnen" berichtet wird. Meinerseits demnach ein mehrfaches Sakrileg: den „Mondgott" als *Dingir* aus Fleisch und Blut anzusehen, ihm ein *Fluggerät* zuzuordnen und dazu auch noch auf die vorgeschichtliche Existenz anderer Fluggeräte hinzuweisen!!!

Wie treue Leser wissen, konnte ich es mir anschließend [1], S. 203 – 207, nicht verkneifen, der genannten Professorin nachzuweisen, dass sie den Namen der Encheduanna auf Deutsch falsch deutet. Die Gelehrte bietet uns [3], S. 9, eine Auswahl an: „Hohepriesterin, Zierde des Himmels" oder „Zierde des Himmelsgottes An". Sie geht dabei von einer ihr eigenen sumerischen Transkription (=subjektive Rekonstruktion der sumerischen Wörter auf der Sprachebene) *en-che$_2$du$_7$-Ana* aus, der in Zeile 543 der anerkannten Standard-Umschrift von [2] aber – als offizielle Transliteration (=tatsächliche Abfolge der Zeichen auf der Schriftebene) – gegenübersteht *en-che$_2$-du$_7$-an-na*. Das zeigt zwei wesentliche Unterschiede. Einerseits ist der – nach ihr eigenen Vorstellungen – aus zwei Zeichen zusammengezogene Begriff *che$_2$du$_7$* zwar tatsächlich in Wörterlisten zu finden und tatsächlich als *Zierde*, stellt aber betreffend den Namen der Hohepriesterin insofern einen Anachronismus dar, als er erst in der Ur III Zeit/altbabylonischen Zeit benutzt wird – **etwa 200 – 400 Jahre nach Encheduanna**! Andererseits macht die ihr eigene subjektive Transkription des Bezeichnungs-Endes als *Ana = des Himmelsgottes AN* dann aber keinen Sinn mehr, wenn und weil es keine *„Zierde"* gegeben hat. Die offizielle Transliteration *an-na = himmlisch* aber fügt sich nahtlos in meine damalige Deutung des **Weihe**namens der Hohepriesterin ein: *„Die dem Herrn der vollkommenen himmlischen Gaben Geweihte*". Ich gebe zu, dass ich dabei *che*$_2$, das normalerweise als *Überfluss/überfließend* zu finden ist, um eines besseren deutschen Verständnisses willen mit *vollkommen* angesetzt habe. Dies erschien mir erlaubt, da die *„Gaben*", um die es sich handelt, für Z 312 der „Tempelhymnen" in den Umschriften mit *du*$_{10}$/*dug*$_3$ qualifiziert werden, wofür *süß/gut/herrlich/günstig/gefallend* als Bedeutung angeboten wird. Oder hätte ich richtiger aber umständlicher *„Die vom Herrn der im Überfluss fließenden himmlischen Gaben*" übersetzen sollen?

Mehr zum **Weihe**namen später.

Dass die allgemein geachtete Professorin dann auch noch die Geweihte wörtlich als *„zirru (*=Vogelweibchen) des (Mondgottes) Nanna" betitelt, das angeblich „im Dickicht des Schilfrohrs in einem Nest mit Eiern" sitzen soll, erstaunt zusätzlich.

Wie dem auch sei, etwas später habe ich eine andere professorale Stellungnahme zu meinen Übersetzungen der „Tempelhymnen" im Anschluss an eine Netzdiskussion erwartet, an der ich selbst nicht teilgenommen hatte. Nach heftigen Debatten zwischen einem Fan und Kritikern hatte man sich – ohne mein Wissen und Zutun – darauf geeinigt, den Doktorvater des Kritikers, einen angesehenen Berliner Sumerologen, gewissermaßen als Schiedsrichter anzurufen. Es kam jedoch – aus diesem oder jenem Grund – nie eine Antwort vom Doktorvater des Kritikers.

Eine vierte Begegnung mit einem etablierten Wissenschaftler wurde schließlich ebenfalls zu einem der Anlässe für dieses Buch. Das selbst Bücher schreibende Mitglied einer angesehenen deutschen Fakultät für Altorientalistik schloss nicht aus, zu meinen Arbeiten öffentlich Stellung zu nehmen, wobei ich mir von vorneherein vorbehielt, auf seine öffentliche Diskussion öffentlich zu antworten. Wir diskutierten dann zunächst ganz sachlich unter dem Vorbehalt einer etwaigen Veröffentlichung. Mal musste er Argumente zurückziehen, mal auch ich. Denn niemand hat je ausgelernt, auch ich nicht.

Das offene Experiment endete etwas später in durchaus freundlicher Atmosphäre. Der durchaus hilfsbereite Altorientalist meinte dann noch ganz allgemein:

„Für das akademische Establishment bist Du keine Bedrohung oder ein unangenehmer Rivale, sondern allenfalls ein Kuriosum, so man denn überhaupt jemals von Dir gehört hat."

Gemäß der gewiss nicht als erste Adresse geltenden „Wikipedia" bezeichnet man mit dem ungewohnten Ausdruck „Kuriosum" Personen, die „... seltsam, wunderlich und skurril erscheinen". Meinte man im ausdrücklich erwähnten „Establishment" das, so man denn überhaupt Kenntnis von meinen Arbeiten genommen hatte?

Oder sollte ich eher die sachliche Fortsetzung der Definition auf mich beziehen, wonach Personen dieser Art „... durch ungewohnte und überraschende Abweichungen von üblichen Verhaltensmustern oder Denkweisen" verblüffen?

Nun ja, meine Art der Deutung sumerischer Keilschrifttexte war halt tatsächlich eine „ungewohnte und überraschende Denkweise", in der statt definitionsgemäß eher unbestimmten „Göttern" sowohl erstaunliche vorgeschichtliche Technologie als auch *Dingir* aus Fleisch und Blut eine Rolle spielen ...

Die hiermit vorgelegte Sammlung von Übersetzungen und Analysen möchte sachlich versuchen, geschichtliche Realitäten zu konkretisieren, die den zahlreichen und vorherrschenden Göttermythen vorausgingen.

Realität der *Dingir* gemäß babylonischen Quellen

Als Untertitel für dieses Buch hätte ich auch die etwas plakative Zwischenüberschrift „Götter gab es nie!“ aus der Untersuchung „Pyramiden, Flut, Wiedergeburt“ [4] wählen können, die ich zusammen mit Bernd Grathwohl anfangs 2020 veröffentlicht habe. Der Text, der dort auf diese Zwischenüberschrift folgt, stammt von mir und dürfte, etwas ausgeweitet, eine gute Einleitung für das laufende Kapitel abgeben:

Für die Zeit vor etwa 2.000 Jahren wird auf diesen und jenen Dokumenten für fast alle Völker der Erde berichtet, sie hätten an eine Vielzahl_von Göttern geglaubt. Das gilt für Kelten, Germanen, Römer und Ägypter ebenso wie für Inder, Chinesen und Mittel- oder Südamerikaner. Nur der Glaube der Juden folgte schon vorher, zumindest ab einer gewissen Zeit, dem Einleitungsbefehl auf den Gesetzestafeln, die Moses inmitten von Schall und Rauch auf dem Sinai erhalten haben soll: „Ich bin der Herr dein Gott. Du sollst keine **fremden Götter** neben mir haben“. Mit diesem Befehl wurde gleichzeitig aber auch in der Bibel dokumentiert, dass neben dem, der damals Alleinanbetung forderte, im gleichen Gebiet oder weiteren Umkreis andere ähnliche – sagen wir mal - Wesenheiten existierten und Unterwerfung erheischten.

Nun kann man zwar darüber streiten, wann - und einige meinen ob - Moses gelebt hat, doch scheint sich die Mehrheit der Forscher irgendwie etwa auf das fünfzehnte bis dreizehnte Jahrhundert vor unserer westlichen Zeitrechnung festlegen zu wollen. Auch geht aus der jüdischen Bibel gemäß herrschender Meinung hervor, dass es genau genommen vorher bereits Abraham war, der der Göttervielzahl seines Vaters abschwor und sich dem Einen mit dem Opferangebot betreffend seinen Sohn Isaak unterordnete.

Wann Abraham dem Einen zu opfern begonnen haben soll, weiß man noch weniger genau als bei Moses. Da sein Vater Terach gemäß dem Alten Testament als sog. „Götzenpriester“ vor mehr als 4.000 Jahren in Ur gewirkt haben soll, könnte auch er vor etwa 4.000 Jahren gelebt haben. Für diesen Zeitraum - und weitere etwa 2.000 Jahre - wird auf sumerischen, babylonischen und assyrischen Keilschrifttafeln, Steininschriften, ägyptischen Sargdeckeln und Papyrustexten über eine Vielzahl von Göttern näher berichtet, die insbesondere in Ägypten und im Zweistromland Mesopotamien verehrt wurden.

Um all diese Götterscharen winden sich mehr oder weniger blumige Mythen, die wir aus den erwähnten Sargdeckeln, Steininschriften, Keilschrifttafeln, Papyrusrollen und von Grabwänden oder Vasenresten usw. kennen.

Die klassische Forschung kann dazu, von der vielfältigen Sachlage her, keinen klaren „Götter“- Begriff definieren. Sie bemüht sich aber, die Perspektive der antiken Menschen zu erfassen.

Teils sieht man allerdings keine vertraubaren Grundlagen, um über den Ursprung dieses Phänomens überhaupt nachforschen zu können. Teils ist man sich nicht einig, ob am Ursprung der auf „Götter“ bezogenen Glaubensvielfalt Naturgewalten stehen, die dann in den Menschenköpfen menschenähnliche Gestalt angenommen haben. Teils geht man aber auch davon aus, dass Sänger und Barden tote menschliche Helden und Herrscher gewissermaßen an einen Glaubenshimmel befördert haben. Oder es gab Herrscher, die sich selbst zum „Gott“ ernannten. Teils findet man an diesem Glaubenshimmel personifizierte Himmelskörper als Astral-Gottheiten.

Den Verfechtern einer etwas differenzierteren Sicht kam nun vor kurzem in Form der bereits angesprochenen „Tempelhymnen“ ein Dokument zu Hilfe, das von der Konzeption her überwiegend mehr als 4.300 Jahre alt zu sein scheint und zudem mit Enchedunna, der Tochter Sargon´s des Großen, wohl überwiegend von einer Person stammt, deren Name und Würden uns bekannt sind. Diese Forscher behaupten, dass die teilweise unglaubliche Göttermystik ganz ursprünglich auf recht konkrete historische Überlieferungen zurückgeht, auf denen der

Pharaonenkult und der sumerisch-akkadische Staatskult aufbauen. Diese konkreten Überlieferungen beträfen die schon kurz erwähnten *Dingir* – gewissermaßen als vergessene und missverstandene geschichtlich reale Vorläufer mancher der mythischen „Götterscharen" …

Abb. 3: Dingir EN.KI mit Hörnerkrone, Ausschnitt aus dem Adda-Siegel, ca. 2.300 v. u. Z., The British Museum, Nr. 89115

Die Altorientalistik beharrt indessen ganz allgemein weiterhin auf „Göttern“, für deren einstige reale Existenz man keine Beweise vorlegen könne.

Eindeutig geht die Altorientalistik jedoch davon aus, dass im Laufe der nicht ganz dreitausend Jahre, während denen auf Tontafeln mit Keilschrift geschrieben worden ist, (nach einer anfänglichen Übergangsperiode) ein bestimmtes Keilschriftzeichen entweder alleinstehend oder vor einer bunten Reihe von „Namen“ zu finden ist. In der zur Zeit oft benutzten Zeichenliste von Mittermayer [37] handelt es sich um das Zeichen Nr. 009, das dort mit der sumerischen Benennung AN geführt wird. Es habe die „Lesungen“ *an* oder *dîgir*, womit ausgesagt wird, diese beiden sumerischen Begriffe könnten **alternativ** verwendet werden, wenn ein Keilschrifttext in abc-Schrift umgeschrieben werden soll. Damit wird ein **subjektives Element** in die grundsätzlich wissenschaftlich neutral zu handhabende Transliteration eingeführt.

In Keilschrifttexten findet man das Zeichen AN alleinstehend oder am Anfang von inhaltlich verbundenen Zeichenketten.

Sumerologen sind in ihrem Bestreben, in der sumerischen Sprache Grammatikartige Strukturen zu finden, recht früh übereingekommen, diesem Zeichen AN, wenn es nicht alleinstehend ist, **per Konvention** eine Bedeutung als sogenanntes Determinativ zuzuschreiben. Es soll die gekennzeichneten nachfolgenden Zeichenketten als „Namen“ in eine besondere Kategorie einordnen. Dieses Zugehörigkeitszeichen vermerkt dabei anstelle der sumerischen Worte *an* oder *dîgir* in der Transliteration – **unter subjektiver Einengung auf die zweitgenannte Lesung**, die mit d beginnt - ein hochgestelltes ^{d} vor den nachfolgenden zugehörigen Zeichen. **Per weiterer Konvention** soll dieses spezielle Kategoriezeichen dann mit „Gott/Göttin/Gottheit“ am Anfang der „Namen“ übersetzt werden.

Dazu drängen sich mehrere kritische Bemerkungen auf.

Erstens kann man nicht generell von „Namen“ sprechen. Zwar ist dies in der jeweils benutzten alten Sprache erlaubt bei der Benennung von Tieren oder Sachen. Da aber zumindest für einen Großteil der behaupteten „Götter" unklar bleiben muss, in welcher Sprache sie unter sich gesprochen haben sollen und wie sie sich gegenseitig angesprochen haben sollen, kann es sich bei den behaupteten „Namen" nur um erfundene Bezeichnungen in der jeweiligen alten Sprache handeln. Im Klartext: Sofern sich *Dingir* als Vorläufer und im Gegensatz zu definitionsgemäß unbestimmten „Göttern" als real nachweisen lassen, kann es sich bei deren Bennungen nicht um deren (Eigen-)"Namen" handeln, sondern nur um Bezeichnungen, welche eine alte Sprachgruppe – Sumerer, Akkader, Babylonier ... – ihnen gegeben hat.

Zweitens stellt die Lesung mit *dîgir* nicht nur eine **wissenschaftlich unzulässige Einengung der Aussage** dar, sondern es gibt zusätzlich mindestens z. T. eine Verfälschung der wissenschaftlichen Herleitung und Aussage dieses Determinatives. So behauptet z. B. Professor D. O. Edzard in seiner SUMERIAN GRAMMAR auf S. 9, das als Determinativ hochstehende ^{d} stehe „for d(eus), d(ea)".

Drittens ist nirgendwo mit Bedeutungsabgrenzungen festgehalten, was dieses Determinativzeichen genau umschreiben soll, d. h. welche etwaigen anderen Bedeutungsinhalte des ihm zugrundeliegenden Keilschriftzeichens AN nicht angezogen werden sollen. Zudem hat sich die Benutzung über mehr als 2.000 Jahre hinweg im Zeitablauf verändert.

Nun gibt es in Sumerisch auf Keilschrifttafeln listenartige Sammlungen von Zeichenzusammenstellungen, bei denen fast jede Zeichenkette mit diesem Determinativ bzw. Zugehörigkeits-Zeichen beginnt. Leicht für den Normalleser zugänglich sind die modernen Transliterationen in „Die Götterlisten aus Fara", so bezeichnet in einer Veröffentlichung von Professor Manfred Krebernik [6].

Durchweg geht dessen Untersuchung – für mich irrtümlich – von vorgefundenen „Namen" aus und benutzt häufig deshalb auch die Abkürzung GN = „Götternamen". Es werden „Namenstypen" unterschieden ((*auch zitierte Keilschriftzeichen, ihre vermutete „Lesung" in Lautwerten und von mir erarbeitete deutsche Bedeutungen künftig in Italics*)): mit *EN* beginnende „Namen", mit *lugal* oder *NIN* beginnende usw. Auch wird „Göttliches Verwaltungs- und Küchenpersonal" erkannt. Unter „inhaltlich deutbaren GN" werden zudem Vogelnamen und Gegenstände wie Wachs, Weihrauch oder Kessel erwähnt, wobei gemäß Professor Krebernik „deren Deifizierung wohl zumindest teilweise auf ihrer kultischen Verwendung beruhen dürfte". Erstaunen müssen schließlich „fischessende Gottheiten".

Ich mache deutlich: die konventionelle Altorientalistik behauptet genau wie Professor Krebernik, „Namen" von „Göttern", göttlichem Personal und deifizierten Vögeln und „göttlichen" Gegenständen (Wachs, Kessel, Trommeln usw.) gefunden zu haben.

Man kann jedoch grundsätzlich diskutieren, ob die grammatikalische Bedeutung der Zeichenketten und, damit zusammenhängend, die Aussage des Determinativs anders gesehen werden muss. Daher zunächst Ausführungen über eine vergessene sumerische Sprachform, die ich Nispe nenne.

Unter konventionellen Ägyptologen ist eine ähnliche Konstruktion unter der Bezeichnung *Nisbe* bekannt. Es geht dabei um die Bildung von Adjektiven aus anderen Wortarten, um die Zugehörigkeit anzuzeigen. Eine ähnliche Konstruktion existiert im Sumerischen, ist aber bisher ohne Beachtung durch die konventionelle Altorientalistik geblieben. Ich nenne schon in meinen bisherigen Arbeiten diese sumerische Sprachform *Nispe. (Hintergrund der unterschiedlichen Schreibweisen: Der Grundgedanke der Konstruktion stammt aus dem Arabischen. Ägyptologen schreiben das entsprechende arabische Wort im Englischen mit weichem b, während ich es für den sumerologischen Gebrauch mit einem harten p präsentiere.)*

Definition: Eine Nispe liegt im Sumerischen vor, wenn eine kurze Folge von Keilschriftzeichen nicht als reine Wortfolge zu verstehen ist, sondern – oft sogar logisch unabhängig von der internen Reihenfolge

– ein (vielleicht sogar nicht ausdrücklich genanntes) Subjekt beschreibt, das *mit etwas / durch etwas / für etwas / an etwas / in etwas* oder *gemäß etwas handelt* oder, insbesondere wenn es um eine Sache geht, entsprechend *verbunden* ist. Diese Deutungsweise geht auf die Anfänge der Schrift zurück, als die Reihenfolge der Zeichen noch nicht obligatorisch logischen Gesetzen folgte und noch keine Präfixe oder Suffixe Verwendung fanden.

Zwei Beispiele.

NIN kommt, wie auch Professor Krebernik in „Die Götterlisten aus Fara" aufzeigt, ursprünglich von *NI.IN*. *NI* kann gleich *strahlend/leuchtend* gesetzt werden, das nachfolgende *IN* macht daraus ein Nomen, d. h. *der/das Strahlende / der oder das Leuchtende*. Daraus wird als Nispe: *Jemand mit einem Strahlenden/Leuchtenden.* Oder noch konkreter: *Jemand, der sich mit etwas Leuchtendem/Strahlendem bewegt* .... Vielleicht wird damit verständlich, weshalb *NIN* eine weibliche oder männliche Bedeutung haben kann.

Als zweites Beispiel drängt sich die Bedeutung des Namens Encheduanna auf. Als Nispe: *Jemand, der mit dem Herrn der vollkommenen himmlischen Gaben verbunden ist.* Der entsprechende *Herr* ist der *Dingir Nanna*. Da es sich um den bei der Priesterweihe gewählten Namen handelt, wird daraus, wie oben behauptet, der Weihename *Die dem Herrn der vollkommenen himmlischen Gaben Geweihte.*

Aus all dem folgt für die Rolle des Zeichens, das als Determinativ [d] geschrieben wird, dass die nachfolgenden Keilschriftzeichen nicht unbedingt in eine (nicht eingeengte) Kategorie *an/dîgir* – was auch immer sie bedeutet – **direkt** einzuordnen sind. Das kann auch meinen, dass nur i**rgendein** Bezug zu dieser an sich ja schon doppeldeutigen Kategorie hergestellt wird.

Klartext: Was Professor Krebernik als „Gott" Wachs bzw. als „Gott" Kessel begreift, ist als ‚*an/dîgir* zugeordnetes Wachs' bzw. ‚*an/dîgir* zugeordneter Kessel' zu verstehen. Wobei natürlich zu klären wäre, was das Zeichen AN in diesem Fall denn meinte und welche Art der Zuordnung überhaupt vorlag.

Umgekehrt anzunehmen, jeder irgendwie geartete Bezug zu „Göttern“ oder realen *Dingir* müsse durch das Determinativ angezeigt werden, überfordert im Übrigen eindeutig die alten Schreiber.

Die babylonische *Dingir*-Definition

Worum kann es bei den in Mythen und alten Erzählungen tatsächlich Handelnden, bei den dort real Tätigwerdenden, gehen? Auskunft sollte doch die Bedeutung des jeweils ersten Keilschriftzeichens AN im „Namen“ geben.

Die spärlichen Nennungen von einigen literarischen Stellen bei Mittermayer [37] zu Zeichen 009=AN bringen uns nicht weiter. Wesentlich interessanter ist das, was über das völlig identische Keilschriftzeichen Nr.13 in der Zeichenliste des „Syllabars“ von Professor Deimel [5] gesagt wird. Unterrichtete Leser werden Teile meiner inzwischen konkretisierten Argumentation erkennen.

Diese Zeichenliste erfasst gemäß dem „Vorwort“ von Prof. Deimel zu jedem aufgeführten Zeichen in einer ersten Spalte die neuassyrische Zeichenform und in der zweiten von den Babyloniern – nicht Sumerern – überlieferte Bedeutungen, die Prof. Deimel mal „Zeichennamen“, hauptsächlich aber „Zeichenwerte“ nennt. In der dritten Spalte finden sich babylonische und sumerische Lautwerte und in der vierten die Hauptvarianten der formalen Entwicklung des jeweiligen Zeichens seit etwa 3.000 v. u. Z.

Zu Zeichen Nr. 13 werden durch Professor Deimel insgesamt 13 von Sumerisch beherrschenden Babyloniern gesammelte „Zeichennamen/Zeichenwerte“ mitgeteilt, die zum Teil aus mehreren Teilen bestehen. Mit anderen Worten: Professor Deimel nennt als Bedeutungshinweis für das Zeichen Nr. 13 einzelne von den Babyloniern überlieferte andere Keilschriftzeichen oder Kombinationen von mehreren.

Für jedes dieser anderen Keilschriftzeichen wird von ihm vorausgesetzt, dass die moderne Bedeutung bekannt ist.

Die von mir nachfolgend abgeleiteten modernen Bedeutungen könnten zum Teil mit dem Argument abgelehnt werden, ich beziehe mich auf Homophone, gleichklingende Worte, die von den bei Deimel tatsächlich aufgeführten Zeichen abweichen. Die Erklärung ist einfach: Auf S. 6 unten/S. 7 oben des „Vorwortes" erläutert Prof. Deimel, weshalb er Akzente und Fußzahlen zur Kenntlichmachung einzelner Homophone in seiner Tabelle weglässt. Es bestünden (um 1925 !) angesichts der teilweise großen Homophonzahl drucktechnische Schwierigkeiten und überhaupt auch Unterscheidungsprobleme. Er schlage deshalb eine Kommission vor, die die „Grundlage für eine vernünftige Einigung" schaffen solle.

Die nachfolgende sprachliche Bedeutung der einzelnen „Zeichennamen/Zeichenwerte", d. h. Zeichenketten/Zeichenfolgen auf Deutsch wurde von mir mit Hilfe der Übersichten gewonnen, welche die Quellen [7], [8], [9], [10] und [11] in Deutsch, Französisch und Englisch bieten. Um die hiermit vorgelegte Untersuchung für den Normalleser nicht zu stark zu überfrachten, ziehe ich diese Quellen im Einzelfall bis auf die Fälle nicht an, in denen vielleicht selbst versierte Altorientalisten etwas nachsuchen müssten, um meiner Bedeutungsableitung zu folgen.

A-AN *A* ist gemäß dem ePSD, [11], u. a. gleich *progeny* = *Nachkommenschaft*. In gutem Deutsch kann man *Nachkommenschaft* = *Die mit Herkunft von/aus* setzen. Da *AN* auch die Bedeutung *„Himmel"* haben kann, ist als Nispe erlaubt: ***Die Nachkommenschaft aus dem „Himmel"*** oder ***Die mit Herkunft aus dem „Himmel"***. Mit *„Himmel"* wird dabei auf die Raumstation hingewiesen, die in [12] – und ich komme darauf im Einzelnen zurück – so umfassend als Orbitalstation beschrieben wird, dass an ihrer früheren realen Existenz kein Zweifel aufkommen sollte.

A-NA *NA* bedeutet nicht nur *Mensch*, sondern ist auch, was jeden gestandenen Sumerologen erstaunen wird, (doch vgl. weiter hinten) gleich *Karbidgas/Azetylen.* Weniger Probleme dürften dafür bestehen, *A* gemäß ePSD als *Kraft* zu akzeptieren. Als Nispe findet man damit ***Die mit Azetylen-Kraft.***

A-NU Was mit diesem *NU* gemeint ist, ergibt sich aus der lange als unübersetzbar geltenden Zeile 332 der „Tempelhymnen" der Priesterfürstin Encheduanna. Ich verweise dazu vorweg wieder auf das ePSD, wonach *NU = to spinn/drehen* meint und auf die umfangreiche erklärende Endnote 48 in [1] auf S. 280 – 282. Es handelt sich gemäß dieser Denkrichtung bei *NU* um den *dauerhaften Firmamentaufsteiger*, der heulend *sich schnell dreht*, das Verbindungs-*Gerät* zur Orbitalstation *„Himmel"*, von Encheduanna auch *„Licht"* genannt. Daher als Nispe: ***Die Nachkommenschaft aus/Die mit Herkunft aus dem Schnell-Drehenden.*** Doch ist sprachlich nicht auszuschließen, dass die Orbitalstation *„Himmel"* selbst von den Sumerern als eine *Sich-Schnell-Drehende* erfasst worden ist. Dann ist *A-NU* als Nispe als ***Der/Die (mit Herkunft) aus dem „Himmel"*** zu begreifen.

A-NUM *NUM* hat gemäß Halloran [10] im Sumerischen u. a. den Wert *hoch.* Als Nispe darf man daher mit *Jemand mit Herkunft vom Hoch-Seienden/Die vom Hoch-Seienden* übersetzen und ***Der/Die* aus *dem „Himmel"*** verstehen.

DI-IN-GIR *DI* kann ein Verbum *entscheiden/urteilen* sein, aber auch die dazugehörigen Nomen *Entscheidung/Urteil* ansagen. Aus *DI = entscheiden* wird durch das nachfolgende nominalisierende *IN Ein/Die Entscheider/Die Urteilenden*, die mit *GIR* verbunden werden, wobei zu beachten ist, dass gemäß dem „Vorwort" von Deimel damit alle Homophone abgedeckt sind. Unter *GIR* wurde in den „Tempelhymnen" der Encheduanna (in [2] noch als – nicht nasal gekennzeichnetes – gir_2 geschrieben,) ein bestimmter Flugapparate-Typ verstanden, der von den *Entscheidern/Urteilsprechenden* benutzt worden ist, die aus der Orbitalstation *„Himmel"* stammten. Als Treibstoff für diese von den Sumerern bildhaft wie ***stinkende*** *Skorpione* erlebten Fluggeräte verwendeten diese ***„Entscheider aus/mit Fluggeräten"*** – in Erdnähe – vornehmlich Karbidgas/Azetylen, das recht übel riecht, wenn es nicht ganz rein ist. Siehe später die Geschichte über einen wissenschaftlichen Artikel „Technik und Chemie der Karbidgas-/Azetylen-Erzeugung in vorgeschichtlicher Zeit". Die **Babylonier** benutzten für diese ***„Entscheider aus Fluggeräten"*** **– wörtlich gesprochen** gemäß Nr. 13, Spalte drei der Deimel-Liste – **die Laute *di-in-gir*,** demnach, modern geschrieben, ***Dingir***, wobei das ng als Nasal zu sprechen war.

DI-GI-IR Man findet diejenigen wieder, die *entscheiden*, die *GI=Urteil* mit *IR= bringen*. Nispe: *Jemand der entscheidet (*und*) Urteil bringt.* Kurzfassung: ***Urteilsbringende Entscheider.***

DIM-ME-IR Das gemäß „Vorwort" abgedeckte Homophon *DIM*₂ meint laut [11] *Gestalter/Macher* und aus *ME-IR* wird *sie bringen ME*, bei denen es sich um Gestaltungen handelt, die entweder Wissen vermitteln können oder Apparate darstellen, die Macht gewähren. Diese Gestaltungen werden von den *Machern* normalerweise gemäß alten Texten aus dem *„Himmel"* heruntergebracht. Ich fasse zusammen: ***Die Macher (m./w.), die ME vom „Himmel" bringen.***

DI-MI-IR Gemäß „Vorwort" ist Homophon *MI_2=Richtsprüche* abgedeckt, daher: ***Entscheider, die Richtsprüche bringen.***

DI-BUR Gemäß [11] ist *bur* = *Schale*. In Zeile 334 der „Tempelhymnen" der Encheduanna ist *BUR_2,* ein gemäß „Vorwort" abgedecktes Homophon, mit *Flugschale* zu übersetzen. Daher: ***Entscheider mit Flugschalen.***

SA-A Ich beziehe mich auf die gemäß „Vorwort" abgedeckten Homphone *SA_2* = *Beratung* und *A_5=gestalten/schöpfen,* daher: ***Die Beratung geben***

ZA-A Homophon *ZA_3=zag=ohnegleichen/einzigartig,* aber auch *za* = *Mensch*. Daher: entweder ***Die einzigartigen Gestalter*** oder ***Die Menschen-Schöpfer.***

ASH Gemäß [11] hat *ASH* u. a. auch die Bedeutungen *rum = perfekt/vollkommen* und *lirum = stark/mächtig*. Daher: ***Die Vollkommenen*** oder ***Die Mächtigen.***

ESH-SHU Homophon *ESH_3=Gebäude*. Wer weiter hinten die Geschichte über den wissenschaftlichen Artikel betr. die Karbidgas-Erzeugung nicht nur überlesen, sondern auch aufgenommen hat, wird sich nicht wundern, wenn in den Zeilen 40/308/512 der „Tempelhymnen" ein falsch verstandenes und falsch notiertes *SHU/shu,* richtig zu schreiben als *SHU_2/shu_2,* als *„das zum Gaserzeugen Geeignete"* bezeichnet wird, als **Karbid.** So wird denn auch in einer Variante zu Z 512 (vgl. S.214 von [13]) der Tempel von *Inanna* in *Ulmash ki* wörtlich als *Karbidgebäude* bezeichnet. Als Nispe finden wir dann, da das Homophon *SHU_2* gemäß „Vorwort" abgedeckt ist, ***Die mit den Karbidgebäuden.***

IL Zuletzt wird bei Zeichen Nr. 13 von Deimel auf *IL* und verbundene akkadische Aussagen verwiesen, von denen ich für *IL* die ursprüngliche Bedeutung ***Strahlender/Leuchtender*** vermerke und nicht etwa, wie gängig, „Gott".

Im modernen [11] wird das geprüfte Zeichen, wenn ich aus dem Englischen übersetze, mit folgenden Bedeutungen verknüpft: *Himmel, Oberes, Krone (eines Baums), Dattelrispe, (Blätter-)Zweig, Ähre (Korn usw.), oben, Himmelsgott.*

All diese Bedeutungen können in diesem oder jenem Keilschrifttext tatsächlich dem Zeichen AN zugeordnet werden.

Meine eigene Analyse zusammenfassend **darf ich dazu für mich parallel und zusätzlich festhalten**, dass **alle** von Professor Deimel zur Erläuterung der Bedeutung des Zeichens Nr. 13 gefundenen und angeführten „Zeichenwerte" einen **historischen Kern** ansprechen, der sich sprachwissenschaftlich damit **nicht länger bestreiten lässt:**

Als *Dingir* wurden von den Babyloniern Entscheider/Befehlsgeber mit Flugschalen und anderen Flugapparaten bezeichnet, die mit einem *„Schnell-Drehenden"* strahlend/leuchtend aus einer Orbitalstation *„Himmel"* herabgestiegen sind und die sich, auch

unter Verwendung ihrer sogenannten ME, als einzigartige Gestalter und Richter betätigten und für ihre Fluggeräte u. a. Karbidgas zum Antrieb verwendet haben.

Damit kommt es auf die Quelle, den bezogenen Zeitraum und den inhaltlichen Kontext der alten Schriften an, wenn entschieden werden soll, welche Aussage dem Zeichen AN zukommt – reale *Dingir* oder die Bedeutungen von [11].

Dem letztlich als Zeuge für diese Findung angerufenen Professor Deimel ist für seine wissenschaftliche Neutralität umso mehr zu danken, als er als Direktor des „Päpstlichen Bibelinstituts" in Rom und als Katholik und Jesuit persönlich an einen geoffenbarten Gott und eine göttliche Dreieinigkeit geglaubt haben dürfte. In der Vorzeit aus einem Orbitalvehikel Herabgestiegene dürften seine Obrigkeit, die Kurie, nicht amüsiert haben ...

Um jedes Missverständnis zu vermeiden, muss betonend zwischengeschoben werden, dass in keinem mir bekannten Keilschrifttext etwas über die Herkunft der Orbitalstation gesagt wird, aus der die *Dingir* herabgestiegen sind. Meine Arbeiten liefern daher keinen Beweis für eine extraterrestrische Herkunft der *Dingir* ---- und können auch nicht die These unterstützen, irgendwelche „Astronauten-Götter" seien von anderen Teilen unseres Sonnensystems oder von „weiter draußen" aus dem Weltall gekommen.

In Unkenntnis des aus den „Tempelhymnen" erst inzwischen abgeleiteten Wissens um reale Akteure aus Fleisch und Blut, beschlossen frühe Altorientalisten, das Zeichen Nr.13, wenn gemäß ihrer Definition und ihrem Verständnis als Determinativ benutzt, in der Umschrift **undifferenziert immer** durch ein hochgestelltes ^{d} unter Anlehnung an den ersten Buchstaben von *dîgir* bzw. der volkstümlichen babylonischen Bezeichnung *Dingir* zu kennzeichnen.

Da aber mit dem Zeichen Nr.13 auf Keilschrifttafeln teilweise reale Akteure aus Fleisch und Blut gekennzeichnet werden, die nicht mit unbestimmten „Göttern“ identisch sind, empfiehlt sich eine Differenzierung auch in der Darstellung. **Wenn es von Text und Kontext her sicher erscheint, man könne von realen Akteuren ausgehen, sollte man daher in der Umschrift das ausgeschriebene Wort *Dingir* benutzen und nicht *AN* oder das hochgestellte ᵈ.**

Auf alle Fälle aber sollte man sich bewusst sein oder werden, dass das betrachtete Determinativ/Kategoriezeichen eine subjektive Verengung darstellt, eine Jahrtausendlange Bedeutungsentwicklung durchgemacht hat und nicht unbedingt direkte Einordnung oder Zugehörigkeit erklärt, sondern vielleicht nur **irgendeinen** – vielleicht sogar recht losen gedanklichen – Bezug herstellt.

Wenn ich zur deutlichen Unterscheidung nun nicht mehr immer von dem Determinativ ᵈ ausgehe, sondern von der Bezeichnung *Dingir* für handelnde Persönlichkeiten, dann sollte ebenfalls klar geworden sein, dass das Zeichen Nr. 13 **nicht immer** mit „Gott/Götter/Gottheit“ übersetzt werden darf.

Als Übertragungsalternative bietet sich dann richtiger *Dingir* oder dessen Bedeutung „Entscheider mit/aus Flugapparaten“ an.

Zusammenfassend darf ich festhalten, dass das Zeichen Nr. 009 bei Mittermayer, [37], oder Nr. 13 bei Deimel, [5], über Jahrtausende verteilt, verschiedene Bedeutungen haben kann:

-- im normalen Satzbau **alleinstehend**

1) die oben abgeleitete Bedeutung *Dingir* = Entscheider aus/mit Flugapparaten
2) alle oben unter [11] genannten Werte, wobei unter *„Himelsgott“* dann die bei Deimel als denkbar gemeldete Aussage zu verstehen ist *A-NU = realer Dingir aus dem „Himmel“* im Sinne von *oben/der Obere/der Oberste*;

-- **im Verbund** mit einem oder mehreren nachfolgenden Keilschriftzeichen

3) als normales Keilschriftzeichen für eine näher bezeichnete Persönlichkeit aus Fleisch und Blut mit der bei Deimel abgeleiteten Bedeutung *Dingir*,
4) als (modern postuliertes) Kategoriezeichen/Determinativ für Bezeichnungen von nicht näher definierten „Göttern",
5) als (modern postuliertes) Kategoriezeichen/Determinatv für Personen, Tiere, Pflanzen und Sachen, die in irgendeiner Beziehung entweder a) zu *Dingir* oder b) zu „Göttern" stehen.

Damit kann ich mich dem zweiten erklärten Anliegen dieser Untersuchung zuwenden. Von den meisten Altorientalisten wird die einstige reale Existenz einer Mehrheit von *Dingir* als Personengruppe bestritten. Deren reale geschichtliche Existenz gilt es deshalb nun mit sumerischen Keilschrifttexten, alten Stadtnamen und archäologischen Artefakten zu unterlegen.

Beweisführung für die geschichtliche Existenz von *Dingir* mit sumerischen Keilschrifttexten

Die von den Babyloniern als *Dingir* bezeichneten Entscheidungsträger können nur dann real existiert haben,

- wenn irgendwann eine Orbitalstation „*Himmel*" tatsächlich existierte und irgendwann ein *Schnell-Drehender* leuchtend mit dieser Orbitalstation Hin- und Her-Verkehr abgewickelt hat,
- wenn Karbidgas vorgeschichtlich erzeugt worden ist und grundsätzlich überhaupt als Treibstoff für Fluggeräte eine Rolle gespielt haben kann und wenn es, damit verbunden, Hinweise auf die vorgeschichtliche Erzeugung von Öl und Öl-Derivaten gibt, und
- wenn ausserdem – als Beweisführung mit historischen Artefakten – das geschichtliche Tätigwerden von *Dingir* durch konkrete archäologische Funde bestätigt werden kann.

Vorbemerkungen zu einer toten Sprache

Zum Beweis für die reale geschichtliche Existenz der *Dingir* beziehe ich mich nachstehend weitgehend auf eigene Übersetzungen aus Sumerisch, einer Sprache, die seit etwa 4.000 Jahren nicht mehr gesprochen und seit etwa 3.000 Jahren nicht mehr in Keilschrift geschrieben wird.

Ihre Existenz war vergessen. Die Wiederentdeckung begann anfangs des neunzehnten Jahrhunderts. Doch das wurde nur langsam erarbeitet. Zuerst drang der Göttinger Gymnasiallehrer Georg Friedrich Grotefend um 1802 in die Geheimnisse der altpersischen Keilschrift ein. Gelehrte namens Rask, Burnouf und Lassen übernahmen die Stafette. 1835 seilte sich dann der englische Offizier, Diplomat und Archäologe Henry Creswicke Rawlinson bei Behistun in Persien an einer

Felswand ab und kopierte eine riesige Felsinschrift. Sie war offensichtlich dreisprachig verfasst. Als erstes konnte von Rawlinson der Lautwert der altpersischen Keilschriftzeichen ermittelt werden – wie weit er dabei von den erwähnten Vorarbeiten profitierte bleibt offen. Er und andere knackten dann nacheinander auch die beiden anderen Fassungen. Es war Elamitisch, die persische Vorläufer-Sprache, und Babylonisch, das im gleichen Großraum noch vorher hauptsächlich zu einer Zeit geschrieben worden war, als dort die babylonischen Könige herrschten.

Doch damit hörte das Puzzlespiel nicht auf. Auf noch älteren Tontafeln waren andere Ausdrücke zu Texten zusammengefügt, die teils ähnlich klangen, teils aber auch entschieden anders! Die Erstgenannten wurden als ein weiterer, noch älterer Sprach-Vorläufer erkannt, der in diesem Großraum vorher benutzt worden war, nachdem etwa ab Mitte des vierundzwanzigsten Jahrhunderts vor unserer westlichen Zeitrechnung König Sargon der Große dort den ersten uns bekannten Vielvölker-Flächenstaat mit Eroberungszügen zusammengefügt hatte. Akkad, höchstwahrscheinlich bisher unentdeckt unter dem heutigen Bagdad begraben, war die strahlende Hauptstadt dieses Großreiches. Die Vorläufersprache des Babylonischen nennt man nach dieser verschollenen Hauptstadt Akkadisch.

Die zweitgenannten sehr alten Texte mit entschieden anders klingenden Ausdrücken führten zu einer bitteren wissenschaftlichen Kontroverse. Einige Forscher sahen darin wiederum einen noch älteren Vorläufer des Assyrisch/Babylonisch/Akkadischen, andere optierten für eine völlig andere Sprachfamilie. Man fand glücklicherweise mehrere Keilschrifttafeln, auf denen gewissermaßen Vokabellisten in Akkadisch oder Babylonisch und – in der Gegenspalte – diesen anderen Ausdrücken standen. Erst um 1900 schälte sich dann endlich immer klarer heraus, es musste sich um die Ausdrucksweise der Sumerer handeln, eines stolzen Volkes, das der ungestüme akkadische Sargon im Herzen des Euphrat-Tigris-Gebietes unterworfen hatte.

Wären nicht die Vokabellisten aufgetaucht, hätten wir zu dieser toten Sprache wohl kaum Zugang gefunden.

Das Experimentieren begann von Neuem. Über die geringen Vokabelkenntnisse hinaus versuchte man, Ausdruck um Ausdruck dieses toten Sumerisch über Textvergleiche und die Interpretation von Zusammenhängen zu erarbeiten. Man ist sehr weit gekommen, doch nicht weit genug. Lücken bleiben, Widersprüche, vor allem die dieser alten Sprache eigene Bedeutungsvielfalt. Erschwert wird die Erkenntnis insbesondere durch die Veränderungen, die diese Sprache im Laufe der vielen Jahrhunderte durchgemacht hat, für die uns Textzeugnisse vorliegen. Auch die erwähnte stetige Umgestaltung der Keilschriftzeichen spielt manchen Schabernack. Von einer Grammatik kann man anfangs kaum etwas finden. Und: sind die gefundenen Zeichen als Wortzeichen zu deuten oder als Silbenzeichen? Einfach ist die Angelegenheit bestimmt nicht, weil das Problem mit den Homophonen hinzukommt, gleichklingenden Wörtern unterschiedlicher Bedeutung!!!

So darf es denn nicht verwundern, wenn der eine Sumerologe dies übersetzt und der andere das. Kompliziert wird die Situation dadurch, dass alle auf dem aufbauen, was Vorgänger mal erarbeitet haben. Das kann richtig gewesen sein, aber auch interpretierbar oder gar total falsch. Wissenschaftliche Konventionen bergen daher große Gefahren in sich. Dies gilt zusätzlich deswegen, weil viele Forscher davon ausgehen, die Babylonier hätten die ihnen überlieferten sumerischen Erzählungen, Behauptungen und Berichte weder wissentlich noch unwissentlich verfälscht. Das aber trifft gewiss nicht zu!

Vorbemerkungen zu den „Tempelhymnen“

Die Auskünfte, die man dem sumerischen Originaltext der „Tempelhymnen“ der Encheduanna entnehmen kann, genügen trotz gewisser Unzulänglichkeiten genau genommen völlig, um die einstige reale Existenz der *Dingir* aus Fleisch und Blut zu unterlegen. Doch spiegeln die vier hauptsächlich benutzten Übersetzungen – in der zeitlichen

Reihenfolge ihres Entstehens: 1.930 [36], 1.969 [2], 1.996/1.999 [15], 2.009 [16] – den tatsächlichen Inhalt des sumerischen Originaltextes aus den verschiedensten Gründen nur recht unzureichend wider. Auch wenn meine eigene Übersetzung in 2.012 [1] und 2.014 [13] nach eigener Ansicht sicher nicht fehlerfrei ist, müssten die teilweise nachgeschärften Übertragungen, die ich in diesem Buch verwende, völlig als Beweis für die von mir behauptete reale geschichtliche Existenz ausreichen.

Es sei daran erinnert, dass Encheduanna um etwa 2.300 v. u. Z. geschrieben hat und über Taten, Orte und Persönlichkeiten berichtet, die für sie in einer fernen Vorzeit real waren. Soweit diese Aussagen von ihr selbst stammen, sind sie als eine Art Kodifizierung der Grundlagen des Kultes anzusehen, dem sie als doppelte Hochpriesterin diente. Was dieses *„Dienen“* für sie bedeutete, kann man einer Stelle in TH 8 entnehmen, die dem *Dingir Nanna* gewidmet ist. Für Z 108 bringt die Umschrift von [2]

nam-en-zi-da-zu nam kal-kal

Die dort angebotene Übersetzung erfindet frei – sogar mit Fragezeichen – so etwas wie „... Dein echtes Priestertum ist mächtig ...“.

Offensichtlich werden zwei mit *nam* beginnende Nominalkonstruktionen ohne Verbum nebeneinander gestellt. Lösen lässt sich das Übersetzungsrätsel, wenn man beachtet, dass das *-da* eine sog. comitative Nachsilbe sein kann, die eine Beziehung zu dem vorher genannten *Dingir* herstellt. Als aushelfendes, nicht geschriebenes Verbum bietet sich, wie so oft, *ist* an. Dann finde ich, wenn ich [8] für *KAL* anziehe,

... echtes EN-sein für Dich ist großes Dienertum.

Besser und etwas freier

... für Dich angemessen EN zu sein verlangt ergebenes Dienen.

Dann aber stellt sich konkret eine Frage:

Vertragen sich *angemessenes EN-sein,* d. h. Funktion als geistlicher und weltlicher Oberster im Titulartempel des *Dingir Nanna,* und damit abgestimmtes *ergebenes Dienen,* mit dem Verbreiten von bewusst falschen Aussagen betreffend diesen Herrn und andere Mitglieder der *Dingir*-Gruppe?

Die doppelte Hochpriesterin Encheduanna gibt allerdings keine Hinweise, woher sie ihr Wissen um die *Dingir* hat. Doch sollte jedem Nachdenkenden bewusst sein, dass ihr nicht nur die Tempelarchive ihrer Titulartempel in Ur und Uruk zur Verfügung standen, sondern wohl auch Archive anderer Tempel und des akkadischen Königshauses. Letztlich war sie Trägerin des konischen Hutes der „Sternweisen" des Reiches von Akkad und könnte über entsprechendes Sonderwissen verfügt haben.

Man sollte im Übrigen die in den „Tempelhymnen" berichteten Ereignisse nicht ausschließlich oder hauptsächlich auf den Zeitraum relativ kurz vor der eingangs beschriebenen Katastrophenzeit – vor mehr als rund 13.000 Jahren - und vor oder während den etwas späteren Konstruktionen und Produktionen am Göbekli Tepe beziehen. Zwar muss die Überlieferung für diese weit zurückliegende Periode irgendwie funktioniert haben, sonst wären die Zusammenhänge nicht bekannt geworden, über die ich in „Flutheld Ziusudra", [25], berichten konnte. Doch könnten sich wesentliche Aussagen der „Tempelhymnen" auf einen Zeitraum zwischen Göbekli Tepe (Funktionsende etwa 8.400 v. u. Z.) und der etwas kleineren lokalen Flut beziehen, die von Archäologen um etwa 3.150 v. u. Z. für Mesopotamien angenommen wird. Für einige Berichte gibt es sogar ein klares Datum *ante quem,* da die Bucht bei Lagasch gemäß Geologenmeinung nach etwa 5.000 v. u. Z. verlandet ist.

Keinesfalls aber deutet die Abfolge der einzelnen Hymnen eine zeitliche Abfolge an.

Orbitalstation „*Himmel*“ und zugehörige Raumfähre „*Licht*“

Die oben vorweg gestellten Bedingungen für den Nachweis der einstigen realen Existenz der *Dingir* hängen eng zusammen.

Anziehen möchte ich zunächst etwas eingehender TH 15. Begründungen für einen Teil der Übersetzungen können zum Teil in „Encheduanna: Geheime Offenbarungen“ [1] gefunden werden. Für weitergehende Auskünfte zu schwierigen Stellen bin ich bilateral gerne bereit. Von mir wörtlich übersetzter Originaltext wird wieder durch *Schrägschrift* gekennzeichnet.

Der für das Verständnis des *„Himmels“* wichtigste Textteil beginnt in Zeile 189, wo von der Vorbereitung des Startvorganges für eine Raumreise die Rede ist: *Angst erhebt sich vor der großen / wichtigen Wegstrecke.* Die zu bewältigende Strecke war demnach zumindest aus normaler menschlicher Sicht *groß*.

Zwischengeschoben sei, dass diese Strecke in TH 19, Zeile 231, als *der zwischen dem „Himmel“ und der Erde existierende Pfad* bezeichnet wird. Dabei wird in der nächsten Zeile so nebenbei erwähnt, der *„Himmel“* sei *aus* ku_3 *= Glanzmetall* gefertigt gewesen – was von der Hohen Priesterin auch an mehreren anderen Stellen in ihren Tempelberichten bestätigt wird. Demnach ging die Raumreise über eine ***vorgegebene Route*** zu ihrem Ziel am Horizont, woraus geschlossen werden darf, dass auch die Raumstation im Verhältnis zur Erde einen *existierenden Pfad,* d. h. eine vorgegebene Route, verfolgte und kein umher fliegendes Raumschiff war.

Der in Zeile 231 beschriebene *Standard-Pfad* führt gemäß TH 4, Zeile 54, durch die *feindliche Dunkelheit des Alls.*

Dann folgt in TH 15 die Zeile 190, die mit dem sagenumwobenen *gisch-*ban_3*-da* beginnt, das mal allein in den Texten steht, mal mit einem Ortsdeterminativ verbunden ist.

Vorher aber: Was kann in dieser Zeile *GISCH / gisch* meinen?

Die Liste ist lang. Am Anfang der sprachlichen Entwicklung stand die Bedeutung *Holz* und davon abgeleitet *erzeugen / herstellen / formen / gestalten mit oder aus Holz;* damit verbunden *Erzeugnis / Gerät / Werkzeug für ...;* aber auch *Mensch / Mann* und *hören / verstehen;* schließlich auch ein spezifisches Firmament-*Gerät* für die *Dingir*, das modern – nicht erst von mir sondern schon anfangs des zwanzigsten Jahrhunderts von Altorientalisten – mit *„Himmel"* übersetzt wird. Manchmal ist mit *GISCH* die Zahl 60 gemeint, was von einer Art Dreisatz herrührt, der darauf beruht, dass *AN* die Zahl 60 zukam: *GISCH / gisch = 60 = AN = an = "Himmel"...*

ban$_3$ steht für: *hinter/neben/nach ... - da* wird auch mit *gehen* übertragen. Das hat nichts, wie von einem Kritiker behauptet, mit *banda = klein* zu tun.

Der in dieser Hymne nachfolgende Kontext lässt mich für das sumerische *gisch-ban*$_3$*-da* auf Deutsch daher für *Der neben das „Gerät" Gehende / Der neben den „Himmel" Gehende* optieren. Dieser *Gehende* ist demnach ein Ding / Erzeugnis, das am *„Himmel"* anlegen kann – heute würde man Raumgleiter oder so ähnlich sagen ... nur eine andere Benennung für das *u*$_4$ = *„Licht"*. Die Zeile fortlaufend auf Deutsch:

Z 190: Der „Neben den ‚Himmel' Gehende" ermöglicht den Aufstieg.

Diese Erscheinung / Gestaltung nähert sich dem „Großen Ort des

Überflusses". Niemand kann auf dem Weg dahin aussteigen.

Das *im Oben* befindliche *Gerät* der *Dingir*, der *„Himmel"*, wird demnach von Encheduanna gleichgesetzt mit dem aus einigen anderen Keilschrifttexten bekannten recht geheimnisvollen *Großen Ort des Überflusses* der konventionellen Sumerologen, der bisher jedoch von diesen trotz einiger Anstrengungen nicht präzisiert bzw. lokalisiert werden konnte.

Für die nächste Zeile 191 bringen Sjöberg und Bergmann [2], hier später kurz als SB, in ihrer Transkription (= subjektive Umschrift der Keilschriftzeichen in abc-Schrift) so viele Varianten, dass ich der Einfachheit halber den Leser nicht mit Einzelheiten verwirren will. Bei ihnen sind denn auch nur tastende Übertragungsversuche mit überwiegend weißen Stellen zu finden. Krecher und Jagersma [15], weiterentwickelt später kurz als ET zitiert, erfinden wie so oft aus der hohlen Hand einen glatten Text auf Englisch, in dem seltsamerweise etwas von einer „hervorragenden Schlinge" vorkommt. Für mich liegt die Erklärung für die angetroffenen Schwierigkeiten auf der Hand: Encheduanna hat jonglierend in dieser Zeile zweimal *GISCH / gisch* mit unterschiedlicher Bedeutung verwendet. Das ist später nicht mehr verstanden worden. Einmal war - wie auch im Tontafel-Keilschriftoriginal angedeutet – *GISCH = nim = Oben-Gerät = „Himmel"* gewollt und das andere Mal *gisch = Gerät* mit einer prosaischen Bedeutung.

Z 191: Das Drehen/Rotieren hört auf. Im „Oben-Gerät" = „Himmel" entsteht Freude/Entzücken. Ein Gerät, etwas wie eine Falle, wird zum Landen zugeteilt.

Encheduanna beschreibt hier bewundernswert mit den einfachen Mitteln der sumerischen Sprache (*esh_2-ad gim = etwas wie eine Falle* !) eine verschließbare Landebucht am himmlischen *„Oben-Gerät"*!!!

Kein Wunder, wenn man um 1960 bei SB in [2] dies noch nicht erfassen konnte, aber für ET [15] hätte diese technische Lösung für das Andocken mittels Landebucht an eine Raumstation um das Jahr 2000 doch denkbar sein können ... Zugegeben, wir Menschen haben bis heute Derartiges in dieser Form noch nicht realisiert, doch wird eine solche technische Errungenschaft seit einiger Zeit nicht nur in Zukunftsromanen und Zukunftsfilmen sondern auch bei der NASA angedacht.

Jedenfalls wusste die Priesterfürstin, so muss ich angesichts der Bildhaftigkeit des gefundenen Textes schließen, ziemlich genau, wovon sie um 2.300 v. u. Z. aus einer für sie fernen Vorzeit berichtete.

Dies dürfte eine der Stellen in den Tempeltexten sein, die eindeutig meine Gesamtinterpretation bestätigen. Oder wollen Kritiker mich glauben machen, die Priesterfürstin habe – über eine für sie selbst ferne Vergangenheit berichtend – dann auch noch mehr als 4.300 Jahre in die heutige Zeit, d. h. in die Zukunft, geschaut ???

Weitere Auskünfte über den *„Himmel"* erteilt die Priesterfürstin mit den Zeilen 480 ff.

SB nehmen an dieser Stelle nicht - wie sonst leider oft - eine eigenwillig verengende „Lesung" der gefundenen sumerischen Keilschriftzeichen vor. Sie bringen in der Umschrift richtig *e₂-NUN*. Sie verweisen selbst sogar darauf, dass *NUN* auch gleich *ga-ar* gesetzt werden darf. Dann aber wird, in moderne Sprache übersetzt, aus dem rätselhaften sumerischen Fundstück *e₂-NUN* eine *für etwas bestimmte Baustruktur, eine zweckgerechte Baustruktur*.

Ich habe in dem besonderen Abschnitt in Quelle [13], in dem das Wortzeichen *NUN* besprochen wird, mit Hilfe des „Sumerischen Lexikons" von Professor Deimel [5] für *NUN* = *SI-IL* auch die Bedeutung *platzieren zum Auffüllen* abgeleitet. Dies passt ganz logisch zu Vorstehendem. Aus dem – in der bei SB präsentierten Umschrift dankenswerterweise unverfälscht vorzufindenden – *e₂-NUN* wird damit wörtlich *ein zum Platzieren und Auffüllen bestimmter Bauteil*. Kurz gefasst: *ein Liege- und Wartungsteil!*

Im sumerischen Original taucht außerdem *mul* auf, das in Übersetzungen normalerweise einengend mit dem Nomen „Stern" gleichgesetzt wird. Eigentlich ist als Verb *sprinkeln/leuchten/blinken* zu verstehen, woraus als Nomen *das Sprinkelnde/Leuchtende/Blinkende* wird und damit jeder blinkende Gegenstand am Firmament, **jedes *sprinkelnde, leuchtende, blinkende Himmelsobjekt*** – auch die Raumfähre *„Licht"* oder sogar die Raumstation *„Himmel“*, wenn der Textzusammenhang gedanklich nachvollzogen werden kann.

Beim Verstehen und Übersetzen hilft weiter, dass auf Tontafelstück R für die Z 480 eine Variante zu finden ist. Dort folgt auf *mul* gemäß einer Fußnote ein *e*, das auch als *hinausgehen* genommen werden darf.

Mit einem Fragezeichen versehen erscheint außerdem in der abc-Umschrift der Zeile als Lautzeichen *men*, wo, wie wir gleich sehen werden, das gleich geschriebene Keilschriftzeichen *MEN* begriffen worden sein sollte. Durch die subjektive Einengung des modernen Bearbeiters auf *men* wird daraus bei den bisherigen Übersetzern eine unverständliche „Krone“, „geboren von *Nin.gal*“. Diese **bisherige** Übersetzung nimmt keine Rücksicht auf das Fragezeichen in der Umschrift und auch keine Rücksicht auf die Grammatik.

Wenn man dagegen Halloran [10] abklopft, findet man auf S. 38: Wortzeichen *MEN* = *tam* = *tan*$_2$ = *hell werden / sauber werden* und entdeckt an anderer Stelle auch die Bedeutungen *aufleuchten* und *reinigen*. Da kann ich mich bedienen.

Die *Dingir*-Dame *Nin.gal* gehört damit gedanklich schon zu den nachfolgenden Zeilen. Daher:

Z 480: Aus der dazu bestimmten Baustruktur/zweckgerechten Baustruktur (= Aus dem Liege- und Wartungsteil*) des „Himmels“ geht das Sprinkelnde (*= Raumgleiter *„Licht“) hinaus, das Firmament leuchtet auf. ///*

(Der von *Nin.gal* Geborene, ...)

Man darf nicht sofort zu dem übergehen, was der in Klammern präsentierte *„Geborene“* anschließend in Zeile 481 bewerkstelligt, weil sonst eine wichtige Nuance des Textes überlesen werden könnte.

In dieser Zeile 480 fährt das *„Sprinkelnde“*, das in Zeile 479 kurz vorher schon *„Licht“* genannte Himmelsobjekt (= *mul*), nicht einfach aus dem *„Himmel“* hinaus. Es verlässt dort *ga-ar*, die *dazu bestimmte Baustruktur* = den Liege- und Wartungsteil. Dabei bleibt bis zu Zeile 485 sprachlich aber noch offen, wo diese *Struktur* zu suchen war: noch in dem Bauteil *„etwas wie eine Falle“*, d. h. in der Landebucht, oder vielleicht weiter im Innern der dann jedoch recht großen Raumstation ???

Weiterfahrend zu Zeile 481 kann man leider wegen der beschädigten Tontafeln nicht über einen vollständigen Text verfügen. Die Zeilenstruktur ist aber klar zu erkennen, wenn man beachtet, dass der Anfang des Gedankens, der in Klammern wiederholt wird, am Ende der vorhergehenden Zeile steht.

Z 481: (Der von der Dingir-Dame Nin.gal Geborene), oh Gebäude des

*Dingirs U.TU, dein Fürst (*macht irgendetwas, irgendwie, irgendwo*),*

bringt „Gaben/Überfluss“ vom „Himmel“ zur Erde, steigt immer wieder auf.

Betrachtet man diese Zeile zusammen mit dem, was die Hohe Priesterin in vorhergehenden Zeilen der Tempelberichte über die Flugtätigkeit des *U.TU* geliefert hat, offenbart sich klar eine Nachricht, die bisherigem Denken der akademischen Altorientalisten so sicher nicht geläufig war.

In Z 479 *kommt* das „Licht“ zum irdischen Start- und Landeplatz, die *Ankunft* ist demnach wichtiger als das Starten. Zeile 480 stellt noch einmal den *Abflug* vom *„Himmel“* in den Mittelpunkt. Und nun die Eröffnung der Zeile 481. Wörtlich: *bringt Gaben / Überfluss vom „Himmel“ zur Erde.* Und setzt noch einen drauf: *steigt immer wieder auf.*

Wohin denn ? Wozu ? Zu dem in Zeile 190 bereits erwähnten *Großen Ort des Überflusses*, der mächtigen Raumstation, um bestimmte *Gaben des Himmels* zur Erde zu bringen, wo diese nicht erzeugt werden können !!!

Die dann zu betrachtende Zeile 485 stellt sich mit einem sinnwidrigen Hörfehler, einer **alt**sumerischen Grammatikbesonderheit und drei Varianten für das Satzende vor. Bei SB [2] „stehen die Herden vor *U.TU*“, bei ET [15] „weidet“ lustigerweise irgendwelches „Vieh“ und bei [16], später kurz DSM, „stehen die Herden vor *U.TU* auf der Weide“. Von einer „Weide“ ist aber nirgendwo im sumerischen Text etwas zu entdecken. „Herde“ oder „Vieh“ könnte wegen *masch*$_2$*-ansche* zutreffen, wenn sich dies nicht wegen des Kontextes als ein kapitaler Hörfehler der alten Schreiber erklären ließe. Von Encheduanna her soll man da *ma*$_4$*-scha-an sche*$_3$*...* verstehen. Dabei ist das letzte postulierte Wort keine Nachsilbe, sondern stellt hier ein **alt**sumerisches **Vor**-Wort dar, das *hin zu / in Richtung auf / um / wegen* im Hinblick auf die nachfolgende *Unterstützungsstelle* anmeldet. **Kritiker, die in diesem *sche*$_3$ gemäß modernen Grammatikvorstellungen ein Terminativ sehen, mögen bitte zur Kenntnis nehmen, dass dann u$_2$, die Unterstützungsstelle, im Originaltext vorher stehen müsste ...**

Der richtig verstandene Anfang der neuen Aussage offenbart dann genau so Überraschendes wie die *zweckgerechte Baustruktur* als *Liege- und Wartungsteil* des *„Himmels“* in Zeile 480. Diese *Wartungsstruktur / dieser besondere Bauteil* ist demnach gemäß Zeile 485 nicht etwa an die Raumstation außen als eine mit einer Klappe versehene große Landebucht nur angebaut, sondern integraler Bestandteil der Raumstation, weil das Ziel *scha* eindeutig *das Innere* des *„Himmels“* bezeichnet.

Die erwähnte *Unterstützungsstelle* konnte entdeckt werden: *u*$_2$ gibt auch *unterstützen* her, das nachfolgende *a* deutet ein Nomen an und ich finde *KI = Stelle* unter den gemäß Kommentar von [2] möglicherweise nachfolgenden Keilschriftzeichen.

Unter den drei als Varianten angebotenen Zeilenenden entscheide ich mich für die Hauptvariante der Umschrift von Sjöberg und Bergmann, weil dann Zeile 486 logisch anschließen kann: der Kontext erhält mal wieder sein Recht, ob wir nun Übersetzungsvariante a) oder b) nehmen. Die beiden Fassungen ergeben sich, wenn man statt dem *ug* der Umschrift ein Homophon *ug*$_2$ annimmt. Dann ändert sich auch die Interpretation von *su*$_8$. Der von mir rekonstruierte und übersetzte sumerische Text lautet dann:

Dingir U.TU ma$_4$ scha-an sche$_3$ u$_2$-a-ki mu ni en su$_8$-ug$_{(2)}$

Z 485 : Wenn der Dingir U.TU das Innere des „Himmels" verlässt in Richtung auf die Unterstützungsstelle um dort

-- auf dem Wasser aufzusetzen und zu lagern,

-- den „Löwen"/das „Licht" zu besprühen,

*Z 486 : dann sorgen die Schwarzköpfigen für Wasser, damit er zwecks brodelnder/fauchender Auflösung (*Karbid*) begießen kann.*

Mit den *Schwarzköpfigen* haben wir den Standardausdruck für die Bewohner Sumers vor uns. Das Wort *Karbid* wurde von mir hinzugefügt, um zu erklären, was *mit Wasser begossen* werden soll, um eine *fauchende Auflösung* zu erzielen. Encheduanna beschreibt hier zum wiederholten Mal die Herstellung von Karbid-Gas oder Azetylen, das gemäß ihren Berichten allein oder mit Sauerstoff und / oder Ölderivaten als Treibstoff für die Flugapparate der *Dingir* gedient hat. Dies wird unter Bezug auf die entsprechenden Berichtszeilen mit allen physikalischen und chemischen Einzelheiten in [13] vorläufig und hier weiter hinten in einem wissenschaftlichen Artikel dargestellt.

In keiner der übersetzten Zeilen wird wörtlich angesprochen, was aus dem Zusammenhang klar wird. Die Landungen erfolgten in der Startposition – also gewissermaßen im Rückwärtsflug unter Drosselung des Strahltriebwerks. Die moderne Technik hat im Jahr 2015 eine derartige Rückwärtslandung eines Raumgefährts (Falcon 9 von SpaceX) als bisher „unerreichte Neuerung" gefeiert.

Wirklich „unerreicht" ???

Festzuhalten ist außerdem, dass *U.TU* zum *u$_2$=Stützpunkt* auf der Erde von der Raumstation kommt. Und zwar *aus deren Innerem* – d. h. aus der dort befindlichen *zweckgerechten Baustruktur = dem Liege- und Wartungsteil* der Zeile 480, der nicht nur sprachlich **nicht** mit der Landebucht der Tempelhymne 15 identisch ist. An Zeile 191 kann zur Erläuterung erinnert werden. Das *„Licht"* reduziert und stoppt dort zuerst sein *Drehen / Rotieren*, legt sich irgendwo an der Seite der Raumstation nieder. Sodann schließt sich *„etwas wie eine Falle"* um *„Licht"* und ersten Liegeplatz, um die Landung zu vollenden. Die unbedingt erforderliche Druckschleuse zwischen Landebucht und *Innerem* des Raumschiffes kann jetzt geöffnet werden. Erst in diesem Augenblick kann das *„Licht"* in das *Innere*, an seine *zweckgerechte Wartungsstelle.*

Dies sind – zusammengefasst – zwar knappe, aber zureichende Beschreibungen, mit denen zum wiederholten Mal in ihren Offenbarungen die Priesterfürstin mit den einfachen Mitteln Ihrer Sprache beweist, dass sie weiß, wovon sie berichtet.

Derartige Feststellungen sind den bisherigen Übersetzern jedoch fremd. Quelle [2] meint simpel, „die Schwarzköpfigen haben gebadet". ET wiederholt einfach, wie so oft. Lustigerweise erklärt uns DSM [16], die Sumerer hätten dabei „Seife" benutzt. Wo die Dame diese im Keilschrifttext – oder in ihrem Hirngestrüpp? – wohl gefunden haben will?

Eine vorgegebene Bahn für den *„Himmel"*

Wie schon oben angedeutet, geht aus alldem hervor, dass dieser *„Himmel"* eine vorgegebene Bahn gehabt haben muss.

Nun kennen die *enuma elish* oder *MUL.APIN* genannten Keilschrifttexte *einen Weg/ein Band des AN/Anu*. Damit kann meiner Ansicht nach eine **räumliche Aussage** über die Bewegung von *AN="Himmel"=Raumstation* im Weltraum gemeint gewesen sein. Bestärkt werde ich in dieser Ansicht durch die gegenwärtige Internationale Raumstation ISS, die gewissermaßen auf einem *Band* ihren *Weg* um die Erde nimmt.

Man muss sich klar machen, dass sich dieses Band, das sich von etwa 48° nördlicher Breite bis etwa 48° südlicher Breite erstreckt, im dreidimensionalen Raum gewissermaßen wie ein vertikal stehender

Ring in einem bestimmten Abstand rings um den Äquator um die Erdkugel legt. Der Abstand dieses gedachten Rings von der Oberfläche der Erdkugel variiert dabei leicht im Laufe der Zeit, weil die ISS wegen des Luftwiderstandes pro Tag im Schnitt etwa 100 m absinkt und in gewissen Intervallen immer wieder hochgefahren wird. Der Abstand dieses um den Äquator aufrecht gedachten Schwingungsringes beträgt dabei nach Angaben der ESA im Schnitt etwa 400 km von der Erdoberfläche. Der gedachte Ring ist, dreidimensional gesehen, wegen der ungefähren Kugelform der Erdoberfläche leicht nach innen gewölbt.

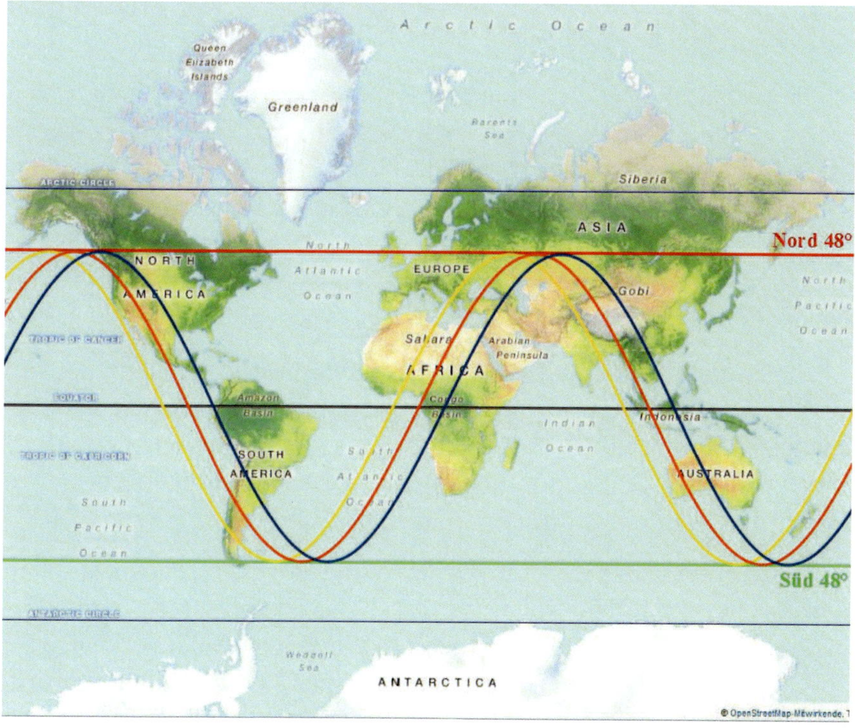

Abbildung 4: Das Schwingungsband der ISS gesehen aus dem All als zweidimensionale Projektion auf die Erdoberfläche – eingezeichnet sind, nicht maßstabgerecht, drei Schwingungsverläufe – diese Schwingungen erfolgen, gegeneinander verschoben, im Tagesverlauf etwa 16 mal. (Die

Computergrafiken der Abb. 4 und 5 wurden auf der Basis von Entwürfen des Autors dankenswerter Weise von Herrn Klaus Deistung erstellt.)

Ein Versuch, zumindest teilweise die Begrenzungen eines vergleichbaren Schwingungsbandes für die in TH 15 von Encheduanna auch *GISCH. NIM, Oben-Gerät,* genannte Raumstation *„Himmel"* der *Dingir* zu bestimmen, liegt vor.

Schon 1989 hat Dr. habil. Werner Papke in seinem Buch „Die Sterne von Babylon" [17] über die Ergebnisse seiner Habilitationsschrift berichtet und ist dabei auch auf die Berechnung der Grenzen des *Anu/AN-Weges* eingegangen.

Papke hat ein mir unbekanntes Computerprogramm benutzt, um Sternbewegungen weit in die Vergangenheit zurückzurechnen. Damit hat er für die Periode von etwa 2.400 bis 2.300 vor unserer Zeitrechnung die Positionen der Sternbilder und Einzelsterne an der Innenfläche einer gedachten Raum-Hohlkugel zu bestimmen versucht, die gemäß der Keilschriftserie *MUL.APIN* jeweils *zum Weg*/zur *Bahn des En.lil, des AN und des E.a* gehörten.

Nach seinen Berechnungen, die ich nicht nachprüfen kann, lag um etwa 2.300 v. u. Z. – also *grosso modo* etwa als die Priesterfürstin Encheduanna die „Tempelhymnen" verfasste – die Obergrenze des *Anu-Weges* 16.69° Breitengrade über dem Äquator und die Untergrenze 16.69° Breitengrade darunter.

Diese oberen und unteren Grenzen galten gemäß Papke bei dem **damals** herrschenden Neigungswinkel der Ekliptikebene zur Himmelsäquatorebene von etwa 24°. Dieser Winkel schwankt im Laufe von jeweils rd. 41.000 Jahren zwischen 21.55° und 24.18° und liegt **heute,** 4.300 Jahre später, bei etwa 23.44°. Die Grenzen der *„Wege/Bahnen"* sind demnach trotz der Präzession der Erdachse verhältnismäßig unbeweglich und weichen gegenwärtig nicht wesentlich vom Zustand um *ca. 2.300 v. u. Z. ab.*

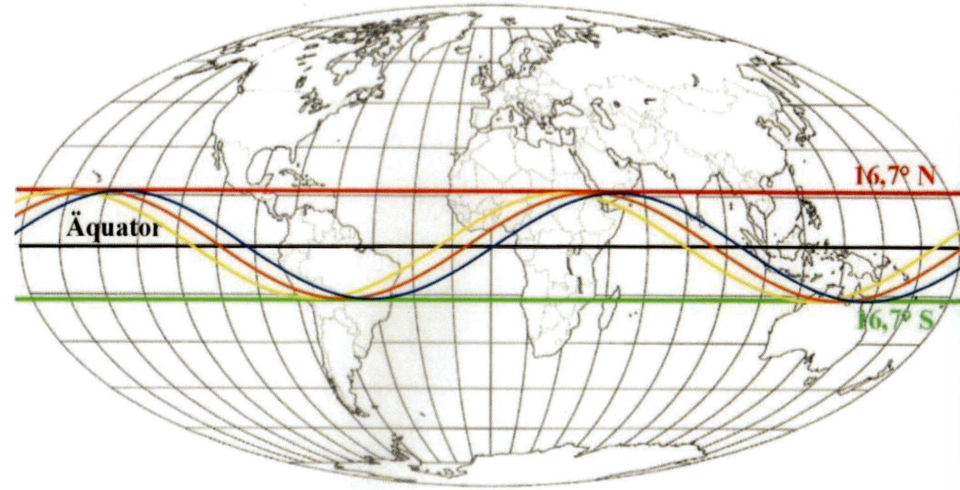

Abbildung 5: Ober- und Untergrenzen des Anu-Weges gesehen aus dem All in Projektion auf die Erdoberfläche – Schwingbreite für die Umläufe 16.69° Nord bis 16.69° Süd – der Abstand des vertikal um die Erde umlaufenden Schwingungsringes von deren Oberfläche ist nicht bekannt ist (Annahme: vielleicht etwa mindestens 500 km).

So schön diese Ableitung auf den ersten Blick scheinen mag, diese Bedingung ist nun aber leider nicht zureichend für die Bestimmung der Bahn der Raumstation „*Himmel*" im Verhältnis zur Erde. Zwar kann man davon ausgehen, dass diese Aussage die mögliche auf- und abschwingende Bahn in Form eines gedachten stehenden Ringes um die Erde grundsätzlich festhält, --- wie weit aber könnte dieser von der Erde entfernt gewesen sein? Mit anderen Worten: wie hoch lag die Umlaufbahn des „*Himmels*" über der Erdoberfläche?

Ich nehme an, wie bei der ISS könnte so etwas wie der sog. Van-Allen-Gürtel eine Rolle gespielt haben, da man wahrscheinlich davon ausgehen darf, dass ein solcher Strahlungsgürtel als verhältnismäßig unveränderliches Charakteristikum der Erdumgebung auch zur *Dinigir*-Zeit schon aktiv war.

Die Van-Allen-Gürtel als Gefahrenzone

Eigentlich handelt es sich nicht um einen einzigen Gürtel, sondern um zwei, zeitweise sogar kurzfristig drei Strahlungsräume, die wie dicke dreidimensionale Polster um die Erde schwirren. Gefüllt sind sie im inneren Gürtel mit Protonen und Elektronen, während weiter draußen hauptsächlich Elektronen zu finden sind. Diese Teilchen sind energetisch hoch geladen und sausen teilweise in Richtung der Magnetpole der Erde mit einer Schwingungsdauer von ungefähr einer Sekunde hin und her.

Ein Teil dieser Energiegeschosse stammt aus eingefangenem „Sonnenwind“ und kosmischer Strahlung, gewissermaßen also „Sternenstaub“. Der größere Rest entsteht im Erdmagnetfeld dadurch, dass Atome von diesem Magnetfeld immer wieder in Atomkerne und Elektronen gespaltet werden. Da der „Sonnenwind“ wegen der unterschiedlich starken Sonneneruptionen schwankt, bewegen sich auch die Strahlungsgürtel und sind zeitweilig asymmetrisch.

Man ging schon lange davon aus, dass um die Erde ein elektromagnetisches Feld, gefüllt mit strahlenden Teilchen, besteht. Die NASA wollte es genauer wissen, denn von diesem Feld konnten bei ungenügender Abschirmung Gefahren für die Elektronik von Satelliten ausgehen und erst recht war bei bemannter Raumfahrt menschliches Leben vielleicht gefährdet. Deshalb startete man ab Ende Januar 1958 die sog. Explorer-Satelliten. Die Suche fand unter der Leitung von James Van Allen statt. Die Vermutungen wurden bestätigt. Die Entdeckungen erhielten den Namen des Projektleiters.

Das innere Strahlungspolster hat in Äquatornähe seine Untergrenze bei etwa 700 km über der Erdoberfläche und dringt bis etwa 6.000 km in den Weltraum vor. Die äußere aggressive „Polsterung“

dehnt sich in etwa 15.000 bis 25.000 km Höhe der Sonne entgegen – andere Angaben meinen 10.000 bis 65.000 km melden zu müssen. Jedenfalls reichen die Gürtel und insbesondere der für die Erde gefährlichere innerste Gürtel nicht ganz bis zu den magnetischen Erd-Polen runter, sondern biegen schon vorher ab. Daraus folgt, dass die von der Strahlung für die Weltraumnutzung ausgehende Gefahr in unterschiedlichem Abstand von der Erde beginnt. Über dem Äquator ist das heute bei etwa 700 km Höhe der Fall, worauf dann in Richtung Nordpol bzw. Südpol die Gefahrengrenze immer weiter absinkt. Die für die Personen-Raumfahrt verhältnismäßig sichere Zone ist gekennzeichnet durch die recht kleinen schwach gelben Viertelmöndchen rechts und links der Erdkugel. Die ISS kann man trotz des inneren Van-Allen-Gürtels in dieser Zone ohne Gefahr im Schnitt in etwa 400 km Höhe schwingen lassen. Einerseits sinkt zwar die Strahlungsgrenze des inneren Van-Allen-Gürtels vom Äquator aus nach Norden und Süden ab. Andererseits schwingt aber die ISS bis jeweils etwa 48 Grad geografische Breite weit nach Norden und Süden aus. Ein großzügiger Sicherheitsabstand kann so bei etwa 400 km Höhe gehalten werden.

Abbildung 6: Schematische Darstellung der Van-Allen-Gürtel. Quelle: NASA, Goddard Space Flight Center, NASA Langley Research Center, Tom Bridgeman, Visualizer

Geht man davon aus, zu Zeiten der *Dingir* hätten wegen des Zusammenspiels von Erdmagnetfeld und „Sonnenwind" ähnliche Überlegungen angestellt werden müssen, dann darf man das vorzeitliche Orbitalvehikel *„Himmel"* ebenfalls **zumindest** auf einer durchschnittlichen Höhe von über 400 km – eher etwa 500 km vermuten. Das wäre höher als für die ISS. Dies wäre aber deshalb möglich gewesen, weil die Schwingbreite der Raumstation *„Himmel"* – gemäß Papke [17] mit jeweils 16.69° nördlicher und südlicher Breite gleich dem *Anu*-Weg – wesentlich schmaler gewesen sein soll als die jeweils nach Norden und Süden etwa 48° Breitengrade der ISS. Der *„Himmel"* wäre damit durch den nach Norden und Süden jeweils absteigenden Van-Allen-„Gürtelast" erst höher bedroht worden als die breiter schwingende ISS.

Fazit: **Unter den genannten Bedingungen darf man davon ausgehen, dass die rhythmische Umlaufbahn der Orbitalstation *„Himmel"* auf einem durch die nördlichen bzw. südlichen 16.69°-er Breitengrade begrenzten Schwingungs-Ring um die Erde verlief, der im Mittel mindestens etwa 500 km Abstand über der Erdoberfläche wahrte.**

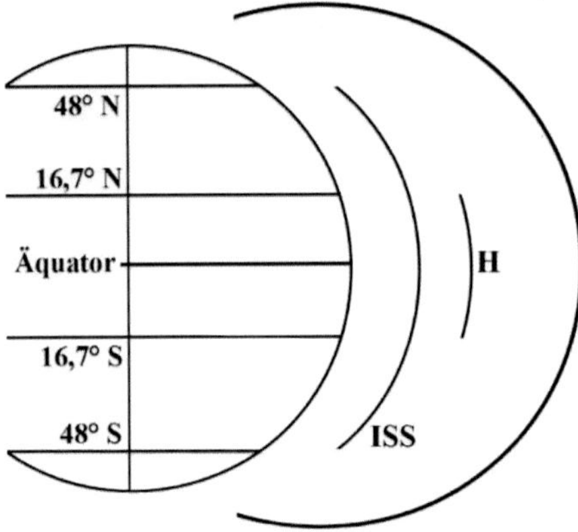

Abbildung 7: Schematischer nicht maßstabgerechter Schnitt durch eine rechte Hälfte der Erdkugel mit Skizze der Untergrenze des inneren Van-Allen-Gürtels (Kurve außen rechts) und „sicheren" Schwinghöhen von ISS und Orbitalvehikel „Himmel".

Nach den vorausgehenden Erläuterungen können die Orbitalstation und eine zu dieser „Auf- und Absteigende Verbindung“ nicht länger bestritten werden. **Damit sind die vorweg zu behandelnden Voraussetzungen für eine vorgeschichtliche reale Existenz der *Dingir* erfüllt.**

Doch müssen gemäß den Eingangsüberlegungen außerdem über die Herstellung von Karbidgas/Azetylen und von Öl und Ölderivaten Keilschrifthinweise bestehen und Hinweise auf die tatsächliche Nutzung von Azetylen und Öl-Derivaten **als Treibstoff für Flugapparate** vorliegen.

Vorgeschichtliche Erzeugung von Azetylen – Das „Schicksal“ eines wissenschaftlichen Artikels

Als mir – siehe eingangs – aus sumerologisch-akademischer Ecke bedeutet worden war, ich „stelle für das akademische Establishment keine Gefahr dar“, kam mir der Gedanke, einen nach allen Regeln des Establishments geschriebenen wissenschaftlichen Artikel zu erstellen, um zu einer Reaktion herauszufordern. Ich verfasste unter Benutzung der oben erwähnten Wörterlisten [7] bis [11] einen Text über „Technik und Chemie der Karbidgas-/Azetylen-Erzeugung gemäß den Tempelhymnen der Encheduanna“. Mit folgender e-Mail schickte ich ihn an den Herausgeber der „Zeitschrift für Assyriologie“, der am meisten geschätzten sumerologischen wissenschaftlichen Zeitschrift:

Sehr geehrter Herr Professor Dr. Sallaberger,

das als Anhang zur Veröffentlichung in der ZA übersandte Manuskript geht sicherlich über rein sumerologische Überlegungen hinaus. Obwohl die Brücke zu Physik, Chemie und Technik geschlagen werden musste, kommt es zu Ergebnissen, die in sich voll kohärent sind. Bisher nicht verständliche Zeilen der Tempelhymnen der Encheduanna nehmen Sinn an und legen Einweihungswissen offen, das – so darf man annehmen – von der Autorin bewusst nicht offen formuliert worden ist.

Die Textgestaltung des Beitrags auf Deutsch zielt darauf ab, durch möglichst wenige Unterbrechungen (Fußnoten usw.) den an sich schon schwierig zu erfassenden Gedankengang flüssig zu erhalten.

Falls grundsätzlich eine Veröffentlichung in Frage kommt, kann auf Wunsch bei der Endvorlage insbesondere die Bibliografie dem „Stylesheet“ angepasst werden.

Mit freundlichen Grüßen
Dr. Hermann Burgard

Das als Anhang der Mail beigefügte Manuskript – und im Begleitschreiben ausdrücklich noch nicht als „Endvorlage“ bezeichnet – füge ich hier nicht bei. Es weicht in der Sache kaum von der endgültigen Fassung des Artikels ab, die weiter unten folgt. Die Mail wurde am 06.11.2020 um 11.53 Uhr versendet. Schon kurz nach der Mittagspause ging – nach nur 58 Minuten – um 13.21 Uhr eine Antwort ein.

Kann man annehmen, dass es in dieser relativ kurzen Zeitspanne möglich gewesen ist, den doch recht langen Text ganz zu lesen, die komplexen und zum Teil wirklich neuartigen sumerologischen Zusammenhänge zu durchdenken, eine ausgewogene Antwort zu formulieren, diese in die Maschine zu geben und zu versenden?

Herr Professor Sallaberger hat dies alles in der Mittagspause geschafft! Hier seine Antwort:

Sehr geehrter Herr Burgard,

vielen Dank für ihre Artikeleinreichung bei der ZA. Ihr Beitrag erfüllt eine grundlegende Bedingung für einen wissenschaftlichen Artikel nicht, nämlich die Standards der Forschung adäquat zu berücksichtigen, und kann deshalb für eine Publikation nicht in Betracht gezogen werden. Insbesondere ist das hier gezeigte Verständnis des sumerischen Lexikons weder durch Quellen und Befunde noch wissenschaftliche, d. h. durch kritisch diskutierte Vorschläge gestützt.

Mit freundlichen Grüßen,
Walther Sallaberger

Der erste Satz dieser Antwort ist der übliche allgemein gehaltene Standardtext für eine Ablehnung – die angezogene Begründung folgt dann nach „Insbesondere ...“ Was meinte der hohe Herr mit „Verständnis des sumerischen Lexikons“?

Ich suchte in den wissenschaftlichen Arbeiten des Herausgebers und fand, dass er die lange Zeit von rd. 20 Jahren für den sog. „Münchner SUMERISCHER ZETTELKASTEN“ bzw. dessen Vorläufer mehr oder weniger die Oberhoheit hatte. Das ist eine nach sumerischen Ausdrücken alphabetisch geordnete Sammlung von Sekundärliteratur zum Wortschatz des Sumerischen. Ich erkannte, dass ich ein Sakrileg begangen hatte, die jedem zugängliche Fassung von 2006 nicht als eine meiner zahlreichen Bedeutungslisten zusätzlich beachtet und – vor allem – durch den entsprechenden „Apparat" gekennzeichnet zu haben. Schlimmer noch, der Hohe Herr hatte, was ich erst später feststellte, kurz vor meiner Artikeleinreichung am 22.10.2020 eine neue Fassung des „Zettelkastens" veröffentlichen lassen [18]!

Ich beschloss, für die sowieso im ersten Schreiben angekündigte Überarbeitung im Artikelentwurf meine Quellen zum sumerischen Wortschatz weitgehend durch Bezüge auf die sog. „Belegsammlung" in der Fassung vom Juli 2014 zu ersetzen. Bearbeitet von Professor Walter Sommerfeld, ist diese Sammlung Teil der „Sumerische Glossare und Indizes" [19] und schließt die Fassung des „Zettelkastens" von 2006 mit ein.

Den so umgearbeiteten Artikel fügte ich einer E-Mail vom 04.12.2020 bei:

Sehr geehrter Herr Professor Sallaberger,

Sie haben meinen ersten Entwurf am 6.11.20 mit einigen kritischen Bemerkungen zurückgesandt, wofür ich ihnen ehrlich danke. Die lexikalische Arbeit mit der „Belegsammlung" und 9 weiteren Bedeutungslisten und die kritische Diskussion vieler Textstellen haben es mir meiner bescheidenen Ansicht nach nämlich erlaubt, die Beweisargumentation noch etwas zu schärfen. Zwar hat mich die geforderte Sucharbeit mit meinen 88 Jahren nicht gerade erfreut, doch ich denke, es könnte sich im Interesse der Wissenschaft gelohnt haben …

Mit freundlichen Grüßen
Hermann Burgard

Hier folgt, mit minimalen stilistischen Veränderungen, der Artikel wie an Professor Sallaberger übersandt. Bitte beachten, dass eine besondere Quellenliste mit von diesem Buch abweichender Nummerierung angefügt ist.

Dr. Hermann Burgard

Technik und Chemie der Karbidgas-/Azetylen-Erzeugung gemäß den Tempelhymnen der Encheduanna

Abstract:
In the so called Templehymns of Enheduanna is presented in a disperse and partly hidden manner a description how to produce a gaz named Azetylen. Burning this gaz serves to propell flying devices designated by a nickname as *Scorpions.* This rather surprising finding is fully coherent with the laws of nature and additionally permits to translate hitherto unintelligible Sumerian texts.

Die Texte, die allgemein als Tempelhymnen der Encheduanna angesprochen werden, wurden 1969 als ‚THE COLLECTION OF THE SUMERIAN TEMPLE HYMNS' von Sjöberg und Bergmann veröffentlicht [1]. Die Sammlung basiert auf 37 Keilschrift-Tafeln oder -Stücken und wird, auf 545 Zeilen aufgeteilt, in [1] als 42 Hymnen präsentiert. In Zeile 543 bezeichnet sich Encheduanna, die Tochter Sargons des Großen, als für die Sammlung verantwortlich.

Sicher nicht von dieser Hohen Priesterin ist jedoch Tempelhymne 9, künftig kurz TH 9, die sich selbst als „Hinzufügung" zu erkennen gibt und auf alle Fälle einen anachronistischen Inhalt hat, weil sie einen König Shulgi besingt, der lange nach Sargon´s Tochter gelebt hat.

Obwohl die gesammelten Texte etwa um oder kurz nach 2.300 v. u. Z. verfasst worden sein sollen, stammen die gefundenen Textzeugen überwiegend erst aus der Altbabylonischen Periode (ca. 1.900 –1.600 v. u. Z.) und nur drei Tafelstücke bereits aus der Zeit von Ur III (ca. 2.150 – 2.000 v. u. Z.). Die gefundenen Kopien weisen denn auch zahlreiche Varianten auf, die dankenswerterweise von Sjöberg und Bergmann erfasst worden sind. Sie erklären sich – abgesehen von vielleicht bewussten späteren Änderungen – aus Hör- und Verständnisfehlern beim Kopieren der Texte nach Diktat, die selbst ursprünglich mit einer um seine Entstehungszeit üblichen Mischung von Wort- und Silbenzeichen geschrieben worden sein könnten.

Wir möchten in der hiermit vorgelegten Untersuchung nachweisen, dass Encheduanna, so sie denn tatsächlich für den Text verantwortlich war, versteckt in den rund 500 Zeilen der Sammlung – hier und dort und in unlogischer Reihenfolge – den Produktionsprozess von Karbidgas/Azetylen beschreibt.

Diese Vorstellung ist nicht sofort bei den ersten Versuchen entstanden, eigene Übersetzungen von Teilen der Tempelhymnen mit existierenden Deutungen zu vergleichen. Wir haben dabei neben den Umschriften und Übersetzungen der Quelle [1] – hier zitiert mit SB - auch verwendet Zimmern mit Quelle [2] – zitiert mit ZI – und Quelle [3], Ziffer 4.80.1, – zitiert mit ET.

Die Aufmerksamkeit des auch naturwissenschaftlich vorgebildeten Übersetzers wurde kumulativ dadurch geweckt, dass erlaubte Übersetzungen von bisher angebotenen naturmalenden oder ritualen Deutungen zunehmend in technischem Sinn abwichen und sich dadurch ein auf den ersten Blick nicht kohärentes Durcheinander von Textbausteinen ergab. Andererseits erlaubten es derartige Übersetzungsvarianten, viele bis dahin als unverständlich geltende Textstellen mit Sinn zu füllen. Die Konsequenz war ein – und wir betonen die Wiederholung – immer wieder erneutes Angehen des Textes unter Zulassen erlaubter technologisch lautender Übersetzungsmöglichkeiten.

Im Folgenden bringen wir zunächst Beispiele von Stellen, an denen wir stutzten und erlaubte technologische Bedeutungen sich geradezu aufdrängten. Da die Beispiele recht unbekannte sachliche Zusammenhänge ansprechen, bleiben sie zunächst zumindest teilweise unverständlich. Unter Hinweis auf andere Belegstellen in den Tempelhymnen folgt eine logische Zusammenfassung des physikalischen Prozesses und eine erklärende Beschreibung der damit verbundenen chemischen Vorgänge.

Wir übernehmen die bei SB und ET vorgefundenen Umschriften. Bei Zitaten von deren und anderen englischsprachigen Texten – sowie aus dem Französischen – übersetzen wir selbst sofort, um die Darstellung nicht noch zusätzlich zu komplizieren. Die deutschsprachige Bedeutung der sumerischen Texte wird überwiegend mit Hilfe der `Belegsammlung` gewonnen, die Walter Sommerfeld bearbeitet hat, Quelle [4], kurz zitiert mit SO. Zusätzlich wird auf weitere 9 Listenartige Quellen zurückgegriffen (siehe „Quellen"), um SO zu ergänzen oder dort Erwähntes zu präzisieren.

Was stutzig machte

1) Z 6, SB: .... *naga-dub*$_2$ *du*$_{11}$*-ga*

Für die angedachte Argumentation wichtig ist nur die zweite Hälfte der Zeile.

SB meinen, bei TH 1 in der zweiten Hälfte der Z 6 *mit Seife gescheuert* gefunden zu haben. ET, wo in der Umschrift lediglich *du*$_{11}$ durch *dug*$_4$ ersetzt wird, vermutet stattdessen: ... *gereinigt mit der Pottasch-Pflanze.*

Erste Kritik an bisheriger Deutung

Kritisch darf angemerkt werden, dass die Verben *scheuern* oder *reinigen* im sumerischen Original überhaupt nicht vorhanden sind. Auch wird *naga* einerseits als *Seife*, d. h. als chemisches Produkt, angesehen und andererseits mit einer natürlich gewachsenen *Pottasch-Pflanze* gleichgestellt.

Belegte Wortbedeutungen

naga: SO 2706, 2707, zitiert zahlreiche Belegstellen mit unterschiedlichen Meinungen. Es handele sich um einen *Sammlungsbegriff für Lösungsmittel* oder werde *beim Gerben verwendet*, bedeute *Pottasche, Lauge* oder *Seife*, werde aber auch mit *„Alkali"* übersetzt. ***NAGA*** sei *Pottasche*, werde indessen auch als Schreibung für den Ortsnamen von *Eresh* verwendet.

In einer verhältnismäßig frühen Wortliste [5] 254 findet sich ebenfalls *Alkali.*

dub₂: SO 826, 839, bringt dafür und für ***dub*** u. a. das Verbum *zerschlagen.*

du₁₁-ga: SO 822, 823, führen auf, es könne *eine Rede sagen* meinen oder eine *Äußerung*, einen *Befehl* bedeuten, vermerkt 823 aber auch, wenn es sich um einen Hörfehler für ***du₁₁-ge*** handele, stark abweichend die Bedeutung *zur Bewässerung.*

dug₄: Für diese abweichende Schreibweise bei ET gibt SO 862, 863, *sprechen, befehlen, machen* und Ähnliches.

Fragen wirft in dieser zweiten Hälfte der Z 6 offensichtlich die Wortfolge *naga-dub₂* auf. Mit der behaupteten *Seife* macht man *Lauge* und mit der vermuteten *Pottasche* auch, aber flüssige *Lauge* kann hier letztlich nicht gemeint sein, da zu dem zu *naga* gehörenden *dub₂* das Verbum *zerschlagen* vermeldet wird - wofür wir auf Deutsch ähnlich, wie auch Attinger in [6] auf Französisch - *zerkleinern* als erlaubt halten. Eine flüssige Lauge kann man nicht *zerschlagend* zerkleinern. Dabei muss es im Augenblick ohne die spätere Sachkenntnis bleiben. Daher:

Z 6: ....; Alkali wird zur Bewässerung zerkleinert.

2) Z 31, SB: *dub-la₂ [za₃]-e₃-zu kur-me-te-gal₂*

Z 31, ET: *dub-la₂ [zag] ed₂-zu kur-me-te-jal₂*

Für TH 2, Zeile 31, finden wir bei SB: *Dein Dubla (mit seinen) ... ist ein Berg, der alles Geeignete besitzt.* ET erzählt etwas von ... *hervorschießenden Pilastern, die einen gesegneten Berg darstellen.*

Erste Kritik an bisheriger Deutung

Es wird nicht erkannt, dass in *dub-la₂* ein zusätzliches Verbum stecken kann und welche weiteren verbalen Aussagen vorliegen könnten. Die großen Unterschiede der angebotenen Übersetzungen könnten mit der festzustellenden unterschiedlichen Umschrift der gefundenen Zeichen zusammenhängen, die zu hinterfragen ist.

Belegte Wortbedeutungen

dub-la₂: In Beispiel 1 wurden *dub₂* und *dub* mit *zerschlagen, zerkleinern* belegt. SO 2263 bringt für *la₂* vorrangig *hängen, aufhängen* und *aufgehängt sein. Herabhängen* ist erlaubt. Wenn *dub* ein Subjekt zu einem Prädikat *herabhängen* ist, wird aus dem Verbum *zerkleinern* ein *Zerkleinerer. Erste* Aussage: *Der Zerkleinerer hängt herab.* Falls *la₂* als von der Konstruktion her als Partizip angesehen werden soll, zweite Aussage: *Der herabhängende Zerkleinerer ...*

Wir beziehen uns künftig auch auf die Bedeutungslisten [5], [7] und [8], um die Belegstellen von [4] und [6] abzugleichen ohne indessen normalerweise hier die Darstellung jeweils durch zusätzliche Quellenangaben zu komplizieren.

za₃: Für das bei SB in Frage gestellte *za₃* werden als belegt bei SO 3969 die Werte *Marke, Farbe, Zeichen* und *Brandeisen* angeführt. Es darf gemäß der Lesung bei ET auch als fragliches ***zag*** genommen werden. Sieht man dieses als mit dem bei ET nachfolgenden Zeichen verbunden an, dann hat man ***zag-e₃,*** für das gemäß der Listenweiterentwicklung *epsd₂* [9], zitiert bei SO 3987, *äußere Ecke* und *Eckpfeiler* in Frage kommen, aber auch *foremost* mit der direkten Aussage *herausragend* und bildhaft *ohnegleichen, einzigartig.* Andererseits soll ***za₃-e₃*** nach SO 3971

Zinne, Turm, Spitze bringen. ***zag*** unverbunden würde gemäß SO 3985 meinen *süß sein, Führungsseil, Arm, Schulter, Seite* oder *Grenze.*

e₃ meint gemäß SO 994 alleinstehend nicht nur *hinausgehen, verlassen, wegsenden* sondern auch *sichtbar sein/sichtbar werden.* Allerdings wäre es bei ET (siehe vor) durch den zusammengesetzten Ausdruck bereits konsumiert.

zu könnte wie in Nebenfassungen von Z 296, 318 und 399 der Tempelhymnen ein Hörfehler für ***zu₂*** mit der Bedeutung – SO 4048,4049, – *Flintstein, Pflugscheit, Rammspitze, Zahn, Zinke* sein.

Wenn man Hör- und Verständnisschwierigkeiten der alten Schreiber annimmt, darf man von folgender Umschrift ausgehen:

dub la₂ zag-e₃ e₃ zu₂ und übersetzen:

Der Zerkleinerer hängt herab, ohnegleichen wird sichtbar die Rammspitze ...

Für ***kur*** wird bei SO 2201 als erste Bedeutung nicht das von SB und ET gewählte *Berg* genannt sondern *brennen, anzünden.*

me-te-gal₂ ist so nicht zu finden sondern nur als ***me-te gal₂*** oder als Verbalreihung ***me te gal₂*** . Bei einem ersten Versuch ergaben sich bei SO 2529 für *me-te* die belegten Werte *geeignete Sache, Bild, Schmuck* und für *gal₂* ist allgemein akzeptiert *verfügbar sein, passend sein.* Erlaubt wäre demnach einerseits: *als geeignete Sache verfügbar sein.*

Als Verbalreihung präsentiert sich ein anderes Bild. ***me*** bringt gemäß ePSD2 [9] auch *verfeinern.* Für ***te*** bietet SO 3566 *zerstückeln, zerkleinern, sich nähern* an. ***gal₂*** ist hier kein Adjektiv oder Nominalindikator sondern bedeutet u. a. *sein/existieren/verfügbar sein.* Erlaubt wäre daher andererseits die Verbalreihenfolge: *verfeinern, zerkleinern, verfügbar sein.*

Damit wird eine Übersetzung möglich, deren Sinngehalt sich aber noch nicht eröffnet:

Z 31: Der Zerkleinerer hängt herab; ohnegleichen sichtbar wird

die Rammspitze; brennen; verfeinern, zerkleinern, verfügbar sein.

3) Z 333, SB: *dub-la$_2$-za e$_2$-za*[1)] *am-si-idim*

Z 333, ET: *dub-la$_2$-za e$_2$-za am-si-idim*

SB, Variante [1)] : *... e$_2$-zu ...*

Die Parallelität der Homophonie und der Sinnzusammenhang sprechen dafür, dass das dritte, vierte und fünfte Wort dieser Zeile den gleichen Sinn haben sollten wie bei Z 31 im vorhergehenden Beispiel 2. Man muss sich daher fragen, welches hier oder dort Gehörte und unterschiedlich Notierte der Intention der Encheduanna entsprach.

Eine sachliche Entscheidung ist nicht möglich, aber es gilt als akzeptiert, dass ***e$_2$*** zwar seine eigene Bedeutung haben kann, oft aber auch mit ***e$_3$*** einfach austauschbar ist. Wir gehen daher auch für Zeile 333 aus von

za$_3$ e$_3$ e$_3$ zu$_2$ = *ohnegleichen sichtbar wird die Rammspitze*

Mit der Apposition ***am-si*** begegnen wir, SO 226, einem *Elefanten*, der, SO 1898, *idim* = *doof, tumb, wild, wütend* ist. Daher:

Z 31: Der Zerkleinerer hängt herab; ohnegleichen sichtbar wird die Rammspitze; (wie) ein wütender Elefant.

4) Z 62, SB: *me-zi* [!] *ur-sag uru*[?] *bara$_2$-ge x ki* [?] *mú-a*

Z 62, ET: *me zid ur-saj iri* [?] *barag-ge x ki* [?] *mu$_2$-a*

SB, Variante: .... *bara$_2$-ge x-gi$_4$*[?] *mu$_2$-a*

SB versuchen nur für den Anfang eine Deutung: *Mit den echten ME, welche der Held ...*

ET spricht für den Anfang von *Die echten göttlichen Kräfte, die der Krieger ...*

Stellungnahme zu bisheriger Deutung

Wie sollte die zweite Hälfte der Zeile denn auch übersetzt werden, wenn die alten Schreiber offensichtlich – wie aus den Fragezeichen, Varianten und unterschiedlichen Wortbildungen ersichtlich – bei der Niederschrift nach Diktat Verständnis- und damit verbunden Hörprobleme hatten?

Versuch, das sumerische Original mit Hilfe von Belegstellen zu erarbeiten

Die als fraglich gekennzeichneten ***uru*** oder ***iri*** machen im Gesamtzusammenhang keinen Sinn. Bei anderen Arbeiten prüften wir, was ***ir-i*** aussagen könnte. Die Suche nach seiner Bedeutung war äußerst zeitraubend, bis wir einen versteckten Hinweis auf **Emesal** fanden. SO 3649 berichtet, ***ir*** sei eine Emesal-Entsprechung von ***tum₃*** und bringt für dieses auf 3648 *herrichten.*

Die Suche für die Bedeutung von ***i*** führte schließlich über [8] 122,171, zu ***i₂*** gleich *Stein.*

In der Mitte der Zeile wäre somit wegen möglichem ***ir-i₍₂₎*** zu finden *die Herrichtung/Vorbereitung von Steinen.*

Der Anfang der Zeile demnach:

Z 62: *Der Jüngling nutzt die ME zum Herrichten von Steinen ....*

Die Umschrift des angeblichen zweiten Teils der Zeile besteht, abgesehen von ***mu₂-a***, aus zwei Varianten, einem nicht lesbaren Zeichen und zwei weiteren Varianten. Die möglichen Übersetzungen von ***bara₂-ge*** oder ***barag-ge*** lassen sich weder über sakrale, noch naturmalende, noch technologische Bedeutungen mit dem ersten Teil der Zeile vereinbaren. Die fraglichen ***ki*** oder ***gi₄*** hängen beide unverbunden gewissermaßen in der Luft. Von einem gestörten Hörverstehen her wäre vielleicht

bar ak ^{gi}gibil mu-a

denkbar. Akzeptiert man diese Annahme, dann kann man argumentieren:

SO 402 sieht in ***bar***$_7$ die Verben *brennen, machen.* SO 192 kennt ***ak*** als *machen, fortfahren* oder auch Emesal ***ag,*** bei SO 185 als *machen* zu finden. ***gigibil*** kennt, SO 1232, als *Zunder* und SO 2595 erläutert Emesal ***mu*** als *Feuer.*

Nehmen wir uns für eleganteres Deutsch die Freiheiten, die Attinger oder Cavigneaux sich bei Übersetzungen in elegantes Französich nehmen dürfen, dann erhalten wir:

> *Z 62: Der Jüngling nutzt die ME, um Steine zum Brennen herzurichten und, um fortfahrend, mit Zunder Feuer zu erzeugen.*

Die Annahme eines gestörten Hörverstehens und der angebotene Ausgleich mögen riskant erscheinen, sind aber vielleicht doch, wie wir sehen werden, vom Sachzusammenhang her erlaubt.

5) Z 318, SB: *zabalam ki esh*$_3$*-kur-shuba esh*$_3$ *KA u*$_4$*-zal-le* 1)

Z 318, KJ: *zabalam ki ec*$_3$*-kur-shuba ec*$_3$ *KA ud-zal-le*

SB, Variante 1) : .... *esh*$_3$ *MUSH*$_3$ *esh*$_3$ *zu* ....

Ein Keilschriftzeichen für *zabalam* existiert nicht. SB haben indessen im Kommentar zur nachfolgenden Z 327 das außerordentliche Verdienst, dafür viele Keilschrift-Schreibweisen in Umschrift aufzuführen. Bevor wir selbst übertragen, eine Bemerkung zu ***MUSH***$_3$ in den ersten beiden Bezeichnungen des Ortes. SO 2643, 2644, liefert dafür und für das manchmal geschriebene *mush*$_3$, übersetzt auf Deutsch, *Gesicht, Schilfbündel, Krone, Schmuckstück, Erscheinung, Maske.* Es könne damit aber auch ein *abgegrenzter Sakral-Raum* gemeint sein. Für ***mush***$_3$ ***za*** gibt es bei SB Zeile 23 einfach *Haus.*

Wir schlagen vor, *Erscheinung* nicht zu eng zu fassen, sondern als *Gestalt, Gestaltung, Formung, Vorrichtung* zu begreifen. So wird aus dem simplen *Haus* der TH 1, Zeile 23, eine *Gestaltung aus Stein*, die viele Formen und Bedeutungen zulässt, auch einen *abgegrenzten Sakral-Raum.* Dann dürfen wir sagen:

ZA.MUSH$_3$.UNU [ki] Ort der Siedlung mit der Stein-Gestaltung/-Vorrichtung

MUSH$_3$.ZA.UNU [ki] Ort der Siedlung mit der Vorrichtung/Gestaltung aus Stein

ki za-ba-(l)a Ort wo Steine aufgeteilt/zerkleinert werden

ki su-pa-li-tu Ort wo aus einem sprühenden Speier Feuchtigkeit hervorkommt

Demnach war Zabalam ein Ort, wo eine *Vorrichtung zur Steingestaltung/Steinzerkleinerung stand* und *wo aus einem sprühenden Speier Feuchtigkeit* (auf „Steine"?) *hervorkam /gesprüht worden ist.*

SB und ET diskutieren den Ortsnamen nicht. SB übersetzen anschließend: ... *Schrein des reinen Berges, Schrein ... Dämmerung.* ET weicht am Anfang nicht tiefschürfend ab: ... *Schrein des leuchtenden Berges ...*

Abweichende Deutung mit Belegstellen

Für ***esh$_3$-kur*** setzen wir entsprechend unseren Ausführungen in Beispiel 2 *Brenn-Tempel.*

Im Hinblick auf andere Stellen in den Tempelhymnen dürfen wir ferner davon ausgehen, dass betreffend ***shuba*** ein Hör- und Verständnisfehler vorliegt und stattdessen ***shu-ub-ba*** oder etwas Ähnliches gehört und geschrieben worden sein sollte. ***shuba*** selbst ist bei [9] mit *vielfarbig seiend, leuchtend, bariolé = bunt, vielfarbig* vertreten. Eine Übersetzungsmöglichkeit wäre demnach für ***esh$_3$-kur shuba*** gleich *vielfarbig leuchtender Brenn-Tempel.*

Anderseits taucht ***ba*** bei SO 328 mit *abteilen, zuteilen* auf, während ***ub*** bei SO 3761 *Ecke* gibt, bei [9] für das Homophon ***ub$_4$*** auch *Keller* steht. Das Bedeutungsangebot für ***shu*** bei SO 3444, 3445, bietet *Hand, Griff, Stösel, Zerkleinerer* und *stoßen, zerstoßen.* Als zweite erlaubte

Übersetzungsmöglichkeit kommen wir daher zu *Brenn-Tempel mit abgeteilter Zerkleinerer-Ecke* oder zu *Brenn-Tempel mit abgeteilter Ecke zum Zerstoßen*. Eine dritte Deutung ergibt sich, wenn wir ***ub₄*** in Erinnerung rufen und wenn man SO 3519 beachtet, wonach geschriebenes *shu* auch ***shu₄*** abdeckt und daher *rot, rotleuchtend* besagen kann. Dann sind wir auf einen *Brenn-Tempel mit rot leuchtendem Kellerteil* gestoßen.

So finden wir auf alle Fälle keinen *Schrein in Berggestalt* sondern einen *vielfarbig leuchtenden Brenn-Tempel* oder *Tempel zum Brennen mit abgeteilter Zerkleinerer-Ecke* oder, auf Deutsch einfacher, einen *Brenn-Tempel mit rot leuchtendem Kellerteil.*

Es folgt in SB mit Variante 1 die Feststellung, dieser *Geräte*-Tempel habe ein ***zu/zu₂*** (vgl. Beispiel 2) aufzuweisen gehabt, ein(e) *Spaltgerät/Rammspitze.* Das würde zur *Stösel-Ecke, Zerkleinerer-Ecke* passen.

Wenn wir den Rest der Zeile in diesem Stadium der Untersuchung offen lassen, erhalten wir:

Z 318: Zabalam = Tempelort mit Steingestaltung; vielfarbig leuchtender Brenn-Tempel / Brenn-Tempel mit abgeteilter Zerkleinerer-Ecke / mit rot leuchtendem Kellerteil; Schrein mit dem Spalt-Gerät, ...

Das klingt doch anders als bei SB, wo wir *Zabalam, Schrein des reinen Berges* ... lesen, oder bei ET, wo von *Zabalam, Schrein mit einem leuchtenden Berg* ... die Rede ist.

6) Z 342, SB : *[X (X)] X.DI chur-sag ^{na4}esi na_4-a [1] na $mush_3$ ba-dar-dar-e*

Z 342, ET : *" " " " – saj ^{na}4esi " " " muj_3*

" " "

SB, Variante [1]: *a* nicht auf allen Tafeln

Im Gegensatz zu SB erwähnt ET nicht das teilweise Fehlen von *a*. Abgesehen davon weicht ET nur durch die allgemein geübte andere Schreibweise und den Druckfehler bei ^{na4} ab.

Stellungnahme zu bisheriger Deutung

Beide Bearbeitungen erkennen nicht, dass Z 342 Teil eines selbständigen Textes von 9 Zeilen geänderter Diktion ist, der sich als Einschub von der übrigen TH 27 abhebt. Es handelt sich um die älteste uns bekannte Sintflut-Erzählung. So ist es denn auch nicht verwunderlich, dass SB nur finden: ... *Berg ... Diorit, Stein(e) (und?) ... er teilt auf/zerschlägt.* ET erfindet gar stattdessen: ... *Fundament und Wall steigen aus eigenem Antrieb auf ...*

Abweichende Deutung mit Belegstellen

Am Anfang der Zeile wird in der Umschrift ein Ausdruck bestehend aus etwa 4 Zeichen vermutet, der auf *DI* endet. Wir können dies, da als Ort Karkara feststeht, aus der Kenntnis anderer Textstellen zu ***KI EN.NE.DI*** ergänzen, dem *Ort der Richtsprüche.*

Betreffend das nachfolgende ***chur-sag,*** sind wir nicht bereit, es hier als *Hauptberg* hinzunehmen. Wir stutzten, als wir bei Attinger [6] 103 fanden, dass es figürlich auch *Tempel* meinen kann. An gleicher Stelle meldet Attinger, *chur* sei auch als transitives Verbum bekannt mit der Aussage *einschneiden*. Aus späterer Kenntnis der sachlichen Zusammenhänge dürfen wir hier bei einer zunächst unverständlichen vorläufigen Andeutung bleiben: *großer/wichtiger/beeindruckender eingesenkter Gebäudeteil.* Wir erinnern an Z 318, wonach in einer Version auch von einem *Brenn-Tempel mit rot leuchtendem Kellerteil* die Rede sein konnte.

Sodann erscheint im Originaltext dreimal ein Keilschriftzeichen für *Stein*, allerdings in teils unterschiedlicher Schreibung. Die erste Zeichenkombination ^{na4} ***esi*** meint gemäß SO 2676 *Diorit* oder *Dolerit*, demnach ein äußerst hartes Gestein. Dieses Wissen um die Gesteinshärte hilft, die zweite Wortkombination zu verstehen. Es geht bei ***na$_4$-a*** um *Kraft mit Stein*/um *Steinkraft*, die Verwendung von *Dioit/Dolerit* als harten *Steinstösel*, als *Zerkleinerungsinstrument* wie in einem Mörser. Mit dem Hartstein Diorit als *Stösel, Zerkleinerer* soll demnach *etwas Weicheres* zerkleinert werden. Die dritte Zeichenkombination lässt keine Wahl: Bei den zu *zerkleinernden weicheren Dingen* handelt sich um *Steine,* bei denen mit ***mush$_3$*** (vgl. Ableitung Beispiel 5) verdeutlicht wird, dass es um deren *Erscheinung/Gestaltung/Form* geht, demnach um (bereits bearbeitete*) Formsteine/Bausteine.* Auf die drei Zeichenkombinationen mit *Stein* folgen zwei Verbalaussagen. Die erste Tätigkeit ***ba*** ist bei SO 328 *abteilen/aufteilen.* Dann folgt ***dar-dar.*** Erlaubt ist für ***dar***, SO 729, *spalten, zerschlagen, mahlen.* Die Verdoppelung möchten wir als Verstärkung verstehen und schlagen daher *fein mahlen* vor. Wie eine Schlussfanfare ertönt dann ***e*** = das Unbestrittene *verlassen/hinausgehen/aufsteigen.*

Stutzend halten wir eine Übersetzung fest, die etwas unverständlich klingt, in der aber wieder einmal von *Steinzerkleinerung* die Rede ist – als Voraussetzung für einen *Auftstieg:*

Z 342: Ort der Richtsprüche, Ort eines wichtigen eingesenkten Gebäudeteils; Diorit als Kraft-Stein/Stösel für Bausteine – Verwendung zum Zerteilen, fein Mahlen und Aufsteigen.

Bei Karkara im heutigen Libanon liegt die Vermutung nahe, bei den *fein gemahlenen Bausteinen* habe es sich um *Kalksteine* gehandelt. Sie sollen *zerkleinert* und *gebrannt* werden, damit *etwas aufsteigen* kann.

7) Z 55, SB : *ki-gal shu-luch-sikil* [1)] *nam-ishib-e du$_7$-za* [2)]

Z 55, ET : *Ki-gal su-luh sikil nam-icib -e du$_7$-za*

SB, Variante [1)]: ergänzt *zu*; [2)] bringt *che$_2$-du$_7$-za* statt *du$_7$-za*

SB meinen gefunden zu haben: *An deiner großen Stelle, die geeignet ist zum Waschen / (zum Wasch-Ritus) und für die Reinigungspriester...* ET beginnt die Übersetzung identisch mit *An deiner großen Stelle,* findet dann aber … *die geeignet ist für echte feierliche Reinigung und die Riten von icib-Priestern.*

Erste Kritik an bisheriger Deutung

Wir halten fest: *Priester* werden erfunden, *sikil* wird vergessen oder als *echt* gedeutet, *ishib* bleibt unübertragbar und du_7 = *geeignet* wird als Verbum angesehen statt adjektivisch *Steinen* zugeordnet zu werden, die zudem unterschlagen werden. Auch wird das *e* einfach übersehen. Aus dieser kritischen Sicht bisheriger Versuche ergibt sich vorweg, dass wir *geeignete Steine* akzeptieren.

Unsere Annäherung mit Belegstellen

Der Hör- und Verständnisfehler ***shu*** statt ***SHU₂/shu₂*** meint hier nicht *Hand, Stösel* sondern, SO 3516, **bewölkt** oder [5] 256 auch *Gesamtheit, zittern,* **wolkig sein**. *Wolken* können *Rauch-/Regen-/Staubwolken* sein. ***luch*** ist gemäß SO 3432 gleich *waschen, reinigen,* aber auch *läutern.* In gutem Deutsch schließt das *nass machen, wässern* nicht aus. Auch fallen uns mehrere Stellen in den Tempelhymnen ein – auf die wir beweisend zurückkommen werden, z. B. Z 71 unten unter Beispiel 9 –, an denen *shu* nicht nur als Verbalaussage *wolkig sein/rauchig sein* bringen kann, sondern verengend und substantivisch *Rauch/Rauchendes.*

Aus ***shu-luch*** wird dann rein sprachlich durch Zusammensetzung auch: *zum Rauchig-sein / zum Bewölkt-werden wässern* **oder** *wässern, um zum Rauchen zu bringen* **oder** *Rauchendes wässern* **oder**, wenn man – freier – den Finalaspekt betonen will, zur *Raucherzeugung wässern* – was, wie wir sehen werden, im technischen Ergebnis das Gleiche ist.

Mit seiner Bedeutung *reinigen/rein sein* passt sich ***sikil*** hier nicht ein. Wenn man deshalb einen Hörfehler annimmt und es in ***sig/sik*** und ***il*** aufteilt, kommt man gemäß $ePSD_2$, [9], für das Erstere zu *setzen, stellen, legen, umsorgen, sich kümmern um, bereitstellen* und für ***il*** zusätzlich zu *fahren, wegbringen*. Die Variante 1) kann man wie in Beispiel 2 oder 5 mit ***zu₂*** lesen, womit ein *Spaltgerät* als Ziel des Wegbringens angedeutet wird.

ishib ist ganz offensichtlich ein Hörfehler für ***i_2-shi-ib***. Betreffend ***i*** dürfen wir an Beispiel 4 erinnern, wonach wir über [8] 122,173, ***i_2*** als *Stein* gefunden hatten. ***SHI*** bringt *Zerfall/Auflösung* und ***ib*** trägt, Jestin [8], 171, *wütend/fauchend* bei. Der zusammengesetzte Ausdruck besagt somit *fauchende Stein-Auflösung* oder *fauchender Stein-Auflöser*. Dann ist gemäß [9] ***nam*** als *Verständnis betreffend ... /Technik der .../ Wissen um ...* diese Steinauflösung zu begreifen.

Halloran [10] zufolge ist *e* auch gleich ***eg_2*** und kann als eine Art Hilfsverb fungieren. Wenn man offen lässt, was das gemäß [5] 256 adjektivisch angezogene *shu_2* substantivisch genau bedeutet, dann ist erlaubt:

Z 55: Große Stelle, Rauchendes/Raucherzeugendes wird zum

Wässern bereitgestellt und weggebracht, um die Technik der

fauchenden Stein- Auflösung anzuwenden mit geeigneten Steinen.

Um welche Art von *geeigneten Steinen* es sich handeln könnte, wird nach den vorstehend in Beispiel 6 ergangenen Hinweisen etwas klarer, wenn nachfolgendes Beispiel überrascht hat.

8) Z 497, SB: *$mush_3$-za men-e* [1)] *ul che_2-em-mi-ib-tum_2-mu* [2)]

Z 497, ET: *muc_3 -za men-e ul he_2-em-mi-ib-tum_2-mu*

SB, Variante [1)]: *e* ersetzt durch *^{d}nin-tu*; [2)] Leseunklarheit angedeutet

SB versuchen zu übersetzen mit: *Zu deinem ... bringt die Krone Freude.* ET findet stattdessen: *Möge die Krone deiner Plattform Freude bringen.* Beide deuten indessen dafür *za* um in *zu*. Zimmern/ZI, [2], meint auf S. 273: *... in deinem Bereich überschreitet die Krone den Himmelsdamm ...*

Deutung mit Belegstellen

Eine ***mush$_3$***=*Gestaltung/Formung* aus ***za***=*Stein* wird (vgl. Ableitung Beispiel 5) in gutem Deutsch in einer Version zu einer *Gestaltung aus Stein*, d. h. auch zu einem *Steinbau/Steingebäude.*

Zwar ist ***men*** normalerweise als *Krone* zu nehmen, doch weist Halloran [11] auf S. 38 darauf hin, dass *MEN* ***auch tan$_2$*** = *leuchtend sein/Leuchten* bringen kann. Aus ***men-e*** wird so statt *Krone+überschreiten* alternativ *Leuchten+ herausgehen* oder Ähnliches.

Bei einer Bearbeitung von `EN.KI and the world order`, Ziffer 1.1.3 bei Quelle [3], waren wir bereits früher für Z 419 auf ***che$_2$-em*** gestoßen. Die Wortwurzel ***imi/im/em*** brachte uns bei [9] 11 die Aussage *Lehm/Ton.* Da eine Vokalassimilation vorliegen konnte, suchten wir statt nach *che$_2$* zusätzlich auch unter ***CHA*** bei ePSD [12] und fanden u. a. *Fisch.* Wir hatten daher auf eine *Ablagerung/Steinart* geschlossen, die aus *Meereswesen entstanden* war, und zunächst vordergründig mit *Fische-Ton* übersetzt. Geologische Überlegungen führten dann zu *Kalkstein* als, analytisch gesehen, vorzeitliche *Ablagerung aus Meereswesen.* Die Überlegungen im obigen Beispiel 6 dürften damit zutreffen, weshalb wir auch hier mit *Kalkstein* übersetzen.

Gemäß [12], Funktion Z = Zeichennamen, bringt ***IB*** nicht nur *Ecke/Geheimnis* sondern in der Schreibung ***ibbi (***und ähnlichen Schreibungen) auch *Rauch.* Da außerdem bei dem vor *ib* stehenden *mi* eine Vokalassimilation ausgehend von *ME/me* vorliegen kann, darf man für ***mi-ib*** *gestalten/herstellen von Rauch* nicht ausschließen.

tum$_2$-mu gibt gemäß Attinger [6] 220 *passend sein/geeignet sein.*

Es bleibt die Frage nach ***ul*** auf die es – siehe [9] – mehr als ein Dutzend Antworten geben kann, von denen hier sich nur *mahlen* einpasst. Ausgehend von einer „Wenn ..., dann ...“-Konstruktion finden wir damit als erlaubt:

Z 497: Wenn im Steingebäude Leuchten aufsteigt, dann mahlt man

Kalkstein, zum Herstellen von Rauch geeignet.

9) Z 71, SB: ***kishib-gal$_2$-si-si*** $^{?}$***-a-a-***^{d} ***en-lil$_2$-ka me-nam-gal shu-du$_7$***

Z 71, ET: ***kijib-jal$_2$ si-si*** $^{?}$ ***a-a*** ^{d} ***en-lil$_2$-ka me nam-gal cu-du$_7$***

SB behaupten, gefunden zu haben: *Der … Siegelbewahrer von Vater En.lil, er, der die großen me perfekt macht, …*

ET erfindet mit Fragezeichen ein Adjektiv *vorläufig* hinzu und meint: *Der vorläufige(?) Siegelbewahrer von Vater Enlil, der die großen göttlichen Kräfte perfekt macht …*

Obwohl *kishib* sofort als ***ki i$_2$-shi-ib***, d. h. als *Ort mit einem fauchenden Stein-Auflöser / Ort der fauchenden Steinauflösung* erkannt werden konnte wegen der vorher oben schon in Beispiel 7 bearbeiteten Z 55, blieb der Rest lange unverständlich, auch weil der angebliche Genitivsuffix *ka* Fragen aufwarf. Schließlich erkannten wir über die Zeichen-Namen-Funktion des ePSD [12] das Zeichen ***KA*** mit u. a. den Aussagen *sprechen/anordnen/befehlen.*

Bei **me-nam gal** war ohne Quellensuche das **gal** als *groß, wichtig, hervorragend* anzusetzen. Für ***me-nam*** war keine Belegstelle zu finden. Gemäß [9] hatten wir in Beispiel 7 erarbeitet, ***nam*** könne auch *Wissen um etwas* meinen. Wir fügen, als dort auch belegt, *Planung, Verständnis* hinzu und die Bildung von Nomina, die im Deutschen die *Endungen –schaft, -heit, -keit, -kunst, -amt, -tum* haben. Ebenfalls bei [9] erscheint ***me*** als *Wesen, sein, seiend, göttliche Kräfte.* Wir sind daher der Auffassung, dass an dieser Textstelle ***me-nam*** in gutem Deutsch als *Wissen um Wesen, Sein und Gestalt,* besser als *Gestaltungswissen* genommen werden darf.

Dass man das Determinativ $^{\mathbf{d}}$ nicht mit Vollbedeutung *Dingir* belässt sondern als *Vater* übersetzt, beweist entweder erstaunliche Unkenntnis oder bewusstes Ausweichen.

Bei einer anderen Arbeit hatten wir durch Kombination der sicheren Einzelbedeutungen gefunden, ***a$_2$-a*** konnte *Kraft-Erzeugung / Energie-Bereitstellung* oder verbal *Energie erzeugen* meinen.

Was aber war das in Frage gestellte ***si-si***? Ein Hörfehler? Nach langem Suchen fanden wir, SO 3164, es konnte ***si*** = *Waser ziehen* meinen aber auch ***si*** = *einfüllen*. Wir entscheiden uns dafür, beide Bedeutungen zu kombinieren: *Wasser wird gezogen und eingefüllt.*

du/du$_3$/du$_7$ ergeben als Homophone bei SO 790-794 *machen.*

shu war, wie an anderen Tempelhymnen-Stellen in den vorhergehenden Beispielen, gleich *Rauch.*

Wir übersetzen demgemäß:

Ki i$_2$-shi-ib gal$_2$ si si a$_2$-a ^{d} EN.LIL$_2$ KA me-nam gal shu-du

Z 71: Am Ort ist ein fauchender Stein-Auflöser vorhanden; Wasser wird gezogen und eingefüllt; Energie erzeugt; der Dingir EN.LIL$_2$ befiehlt mit hervorragendem Gestaltungswissen Rauch zu machen.

Dass *Raucherzeugendes/Rauchendes* unter *Energieverwendung hergestellt werden* soll, möchten wir unterstreichen.

10) Z 530, SB: *cha-mun du$_6$-du$_6$-da* [1)] *esh$_3$-a ga$_2$-ga$_2$*

Z 530, ET: *ha-mun dul-dul-da ec$_3$- a ja$_2$-ja$_2$*

SB, Variante [1)]: zweites *du$_6$* fällt weg oder wird durch *de$_3$* ersetzt

SB meinen: .... *die (sie) in dem Schrein errichtet.* ET: .... *errichtend im Schrein ...*

Aus dem Kommentar bei SB ist zu entnehmen, welche Schwierigkeiten ***cha-mun*** bereitet hat. Es wurden *verschiedene Sprachen/gegensätzliche Meinungen/gespaltene Zungen* angeboten. Dabei heißt ***cha*** bei [8] ,119, 171, *große Anzahl* und wird ***CHA$_2$*** bei [5] 252 als „*Mehrzahl*-Determinativ" aufgeführt.

Bleibt ***mun*** zu klären, das in vielen modernen Listen nur mit *Salz, salzig* geführt wird. Der ‚MÜNCHNER SUMERISCHE ZETTELKASTEN' [13] bringt einerseits als Bedeutung des Keilschriftzeichens ***MUN*** einen Hinweis auf *Zeichen, Verschiedenes, Unklares* und meldet andererseits für ***mun*** auf Deutsch *Feuer.* Vor über 100 Jahren überlieferte jedoch Langdon [7] außer *Salz* zusätzlich auch *Brennendes, Stechendes, Skorpion, Säure* und *Name.* Das Durcheinander der Schreibungen und Bedeutungen wird weiter kompliziert dadurch, dass ***MU.UN / mu-un*** = *Oben Lärmender* wegen falschem Hören auch als *MUN/mun* zusammengezogen worden sind. **So kommt es letztlich dazu, dass in den Tempelhymnen in der Umschrift präsentiertes *mun* als *Feuriger / Brenner / Skorpion* zu verstehen sein kann.**

cha-mun kann deshalb *mehrere Skorpione/Brenner/Feurige* meinen. Wir erinnern an einen anderen Keilschrifttext, gemäß dem ein *Skorpion* einen Flugapparat mit 50 Insassen am Firmament angegriffen hat, also *selbst fliegen* und *kämpfen* konnte. Bedeutung *Skorpion/Brenner/Feuriger* demnach gleich *Flugapparat.* Gleiche Bedeutung in den Tempelhymnen bei Z 246, 298 und 340.

Wir übersetzen die Variante, bei der ***du₆*** bleibt und das nachfolgende *du₆-da* durch ***de₃*** ersetzt wird und erhalten, SO 790 – 794, eine *Plattform* und *gebracht werden.*

Bei ***ga₂-ga₂*** sehen wir sowohl eine Aussage für eine Mehrheit als auch eine *maru*-Form: ... *um gewartet/gepflegt zu werden.* Damit:

Z 530: Mehrere „Skorpione"/Brenner/Feurige werden

auf die Plattform gebracht, um im Tempel gewartet zu werden.

+ + +

Es wäre müßig, hier noch mehr Beispiele ähnlicher Art zu analysieren, von denen wir aber später kurz einige mit Zeilenbezug zu Beweiszwecken nennen werden. Sie würden zum Verständnis des sachlichen Zusammenhanges nicht ausreichen. Auch wir gingen lange irr.

Des Rätsels Lösung

Im Zeitlauf wurde immer klarer, dass in den Tempelhymnen ein Produktionsprozess beschrieben worden ist, doch waren zunächst die Reihenfolge der Schritte und insbesondere das angestrebte Produkt nicht zu erfassen. Wie man indessen durch die Kombination der Z 340 und 342 der Sintflut-Geschichte schließen konnte, war ein Erzeugnis aus *Kalkstein* erforderlich, damit die Flucht vor der *zerstörenden Flut* mit *„Skorpionen"* durch *Fliegen* und *Aufstieg* gelingen konnte. Ein *Antriebsmittel für Flugapparate*? Die akzeptierten Bedeutungen für *shu* oder *im* waren dafür aber unzureichend.

Bei Zimmern [2] fanden wir schließlich auf S. 274 zwei TH 42 betreffende Fußnoten. Aus denen ging hervor, der Ort, der normalerweise mit *Eresh* übersetzt wird, werde auf dem Keilschriftoriginal mit einem Zeichen *elteg* geschrieben, das auch für die Bezeichnung einer – so ZI – *ᵈ Nisaba* verwendet werde. Ob dies konsequent in der ganzen TH 42 so gehandhabt wird, lässt er offen, doch bringt er auf alle Fälle in der Umschrift seiner eigenen Z 3, die gleich der Z 532 bei SB ist, zwei weitere Mal *elteg*.

Als wir dieses Zeichen ausfindig machen wollten, stießen wir - nach langer Suche – bei Deimel [9] auf Zeichen 165, für das die Babylonier nach dessen Auskunft neben dem Zeichennamen *EL-TE-IG* u. a. auch den Zeichennamen *NA-GA* überliefert haben. Sie gaben auch an, dem Zeichen habe die Aussprache *na-ga* entsprochen.

Halloran [10] sieht für *na* auf Englisch u. a. auch *incense*, direkt zu übersetzen mit *Weihrauch,* allgemeiner auch *Räucherware* , wobei jedoch offen bleibt, ob das Erzeugnis *Weihrauch* gemeint ist oder die greifbare Grundlage, die Körner als die *Räucherware*, das *Raucherzeugende.*

Unser Beispiel 1 hatte uns jedenfalls wissen lassen, *naga* habe etwas mit *Alkali* zu tun. Was versteckte sich hinter diesem sog. *Alkali*, das wegen der Beispiele 6 und 8 mit *zerkleinertem, gemahlenem und gebranntem Kalkstein* zu tun hatte?

Aus dem Gedächtnis des Verfassers stieg dann plötzlich hoch, dass er mehr als 50 Jahre vorher als „böser Bube“ mit Karbid hantiert hatte, das mit Wasser angesetzt fauchend ein stinkendes Gas entwickelt hatte, mit dessen Ausdehnungsdruck man Glasflaschen explodieren lassen konnte und das beim Abbrennen auch eine starke Flamme erzeugte. War Karbid das gesuchte Alkali? Aus *gemahlenem, gebranntem Kalkstein* entstanden?

KARBID und KARBIDGAS

Die Tempelhymnen beschreiben die fünf Stufen eines Produktionsvorgangs.

a) Steinzerkleinerung

Der *Steinzerkleinerer/Spaltgerät* wird deutlich insbesondere in den Z 6, 31, 62, 333 und 538 erwähnt.

Eine weitere wichtige Klarstellung lässt sich in TH 27 aus Z 342 entnehmen. Dort wird berichtet, mangels normalerweise verwendeten unbehauenen Steinen hätten die *Dingir* angesichts einer plötzlichen Großen Flut aus Zeitgründen auf bereits zum Bauen vorbereitete, behauene Steine zurückgreifen müssen und diese mittels hartem Diorit zerkleinert. Bei den behauenen Bausteinen, die weicher als Diorit waren, kann es sich nicht um Marmor gehandelt haben, da Encheduanna für diesen ansonsten den Ausdruck *polierter Stein* verwendet. Wir haben auf Kalkstein geschlossen, was später bestätigt wurde.

b) Steinbrennen

Wenn Kalkstein bei 800 bis 11oo Grad gebrannt wird (Z 6, Herstellung von *Gebranntem,* deutlicher *Steinbrennofen,* z. B. in Z 330, *brennen* auch in Z 318 und 342), entsteht ungelöschter Kalk oder Ätzkalk / Branntkalk und Kohlendioxid:

$CaCO_3$ >erhitzt > $CaO + CO_2$

Das Kohlendioxid CO_2 entweicht in die Luft. Der Brennvorgang erfolgt gemäß TH 42 und Z 540 unter anderem in einem *Schilfofen,* was bedeutet, dass z. B. in Eresch für die erste Brennstufe vorwiegend (getrocknetes) Schilf als Brennmaterial verwendet worden ist. Schilf wird auch in Z 62 als Heizmaterial erwähnt.

c) Zweiter Brennvorgang

Der Ätzkalk / ungelöschte Kalk aus Stufe b wird – siehe Z 63, 71, 430 – ein zweites Mal gebrannt, wobei zur Erzielung des gewünschten Erfolges eine Temperatur von 2.000 bis 2.300 Grad erforderlich ist. Heutzutage geschieht dies in sog. Lichtbogenöfen. Von einer möglichst einfachen Technik ausgehend könnte im vorzeitlichen Mesopotamien ein per Destillation gewonnener Erdölabkömmling in einem Luftgemisch als Brennstrahl verwendet worden sein.

Seit etwa 1900 unserer Zeitrechnung wird bei diesem zweiten Brennvorgang zur Erzielung der gewünschten chemischen Reaktion Koks als Kohlenstoff-Lieferant hinzugefügt. Wir bezweifeln, dass in der Frühzeit in Mesopotamien genügend Kohle oder Koks vorhanden war. Das für den zweiten Brennvorgang benötigte chemische Element Kohlenstoff C war aber in Erdöl ebenso wie in Schilf oder Holz verfügbar.

$CaO + 3\ C$ > erhitzt > $CaC_2 + CO$

Ätzkalk + Kohlenstoff erhitzt ergibt:

CaC_2 =naga=NAGA= NA.GA = Karbid = ***shu***$_2$ + Kohlenmonoxid

Kohlenmonoxid hat zwei gefährliche Eigenschaften: Es kann zu Gasvergiftung und Tod der Arbeiter führen und – wie im modernen Bergbau – durch Vermischung mit normaler Luft zu Selbstentzündung und zu „schlagenden Wettern“, d. h. Explosionen. Als Arbeiter wurden in Sumer nicht umsonst *Gefangene/ Deportierte* beschäftigt, wie aus einer Interpretation des Namens von Erech entnommen werden kann …

An anderen Stellen gibt es Hinweise auf die nachfolgenden Produktionsstufen vier und fünf.

d) Zerkleinern des Gebrannten

Z 231 verweist implizit darauf, dass das in den bisherigen Stufen *Gebrannte = zur Gasentwicklung Geeignete = NA.GA = shu*$_2$ = Karbid = CaC_2 anschließend in einer vierten Stufe *zerkleinert* worden ist. Z 6 benennt schon früh in TH 1 den dafür benötigten Karbid-Zerkleinerer mit *NAGA-dub.* Siehe auch Z 44.

e) Wässern des Karbids zur Azetylen-Erzeugung

Das *Wässern (luch)* des Karbids (*shu*$_2$) (= Hinzufügen von H_2O) als fünfte Produktionsstufe (vgl. insbesondere Z 40, 230, 231, 318, 430 und - technisch sehr präzise – Z 537) erfolgte gemäß Z 55 bzw. 71 als *fauchende Steinauflösung* = *i*$_2$*-shi-ib.* Es entsteht C_2H_2 = ***NA* = Karbidgas** / **Azetylen** oder wissenschaftlich Ethin und Löschkalk = $Ca(OH)_2$. Encheduanna spricht in Z 223 auch von *shi-im* = *Auflösungs-Gas,* womit gleichzeitig die Bedeutung ***im* = *Gas*** festgehalten wird. Diese fünfte Stufe des Produktionsvorganges wird von der Sumerologie bisher ritual / sakral auch als „Handwaschungsritus“, *shu-luch*, angeboten.

$CaC_2 + 2\ H_2O > C_2H_2 =$ *NA* $+ Ca(OH)2$

Der Löschkalk wird durch zusätzliche Wasserzufuhr zu Kalkbrei, woraus Kalkmörtel bereitet worden ist, der zum Bauen verwendet werden konnte.

Das so in der Vorzeit mit einer verhältnismäßig einfachen Technologie erzeugte **Karbidgas / Azetylen / Auflösungsgas/ *NA*** ist sehr gut in Alkohol löslich, der damals leicht durch Vergären von irgendwelcher Biomasse gewonnen werden konnte. Dieses Karbidgas allein führt schon mit Luft (Selbstentzündung möglich!) zu einer Flamme von 1.900 bis 2.300 Grad – die erwähnte Lösung in Alkohol erreicht beim Verbrennen je nach Alkoholgrad noch weit höhere Temperaturen. Durch Einblasen eines geeigneten Erdölderivates – Öl-Reservelager klingen in Z 114 und Z 393 an – in die brennende Rückstoßflamme kann ein äußerst wirksamer Düsentreibstoff gewonnen werden, weshalb denn auch von Encheduanna nicht nur in Z 332 sondern immer wieder der *Rauch und Gestank* angesprochen wird, den der Antrieb des dort näher beschriebenen Flugapparates, *Skorpion = Stinker*, wegen der Unreinheit des verwendeten Azetylens von sich gab.

Nachlese

Der vorstehende Versuch mag recht gewöhnungsbedürftig erscheinen, da er für Sumerologen alltägliche Überlegungen zu Graphemen, Phonemen, Morphemen und Grammatikbesonderheiten mit ungewohntem Wissen um geologische, physikalische und insbesondere chemische Zusammenhänge verbindet. Bei der Beurteilung des Ergebnisses möge man – trotz erwarteter Einzelkritik – bitte beachten, dass er in sich kohärent ist. Gleichzeitig erlaubt das ableitend Gefundene, bisher unverständliche Passagen der Tempelhymnen sachlogisch zu erfassen.

Quellen:

[1] Sjöberg, A.W. / Bergmann, E. (1969): The Collection of The Sumerian Temple Hymns. J.J. Augustin Publisher, Locust Valley, N.Y.

[2] Zimmern, H. (1930): Ein Zyklus altsumerischer Lieder auf die Haupttempel Babyloniens. ZA 39 (= N.F. V)), 245-276

[3] ETCSL, The Electronic Text Corpus of Sumerian Literature, University of Oxford; Homepage: etcsl.orinst.ox.ac.uk, Ziffer 4.80.1

[4] Sumerische Glossare und Indizes (SGI), Belegsammlung, bearbeitet von Walter Sommerfeld, Version 1.1, 2014

[5] Labat, René (1965): Un calendrier babylonien des travaux, signes et des mois. Librairie Honoré Champion, Paris

[6] Attinger,P.: Lexique sumérien-francais, https://boris.uni.be.ch/80500

[7] Langdon, Stephen (1911): A sumerian grammar and chrestomathy with a vocubulary of the principal roots in sumerian and a list of the most

important syllabic and vowel transcriptions. Librairie Paul Geuthner, Paris

[8] Jestin, Raymond-Riec (1965): Notes de Graphie et Phonétique Sumériennes. Librairie Honoré Champion, Paris

[9] ePSD$_2$, Homepage: oracc.museum.upenn.edu/epsd2/sux

[10] Deimel, Anton (1925): Sumerisches Lexikon, Heft1, Vollständiges Syllabar. Verlag des Päpstlichen Bibelinstituts, Rom

[11] Halloran, John A.: Sumerian Lexicon, Version 3.0, unter: www.history-world.org/Sumerian(1).pdf

[12] ePSD, unter: psd.museum.upenn.edu/nepsd-frame.html

[13] Münchner SUMERISCHER ZETTELKASTEN, unter: is.muni.cz<PAPVB 13>Glossary zettelkasten2006 09

Ein normaler Leser wird seine Mühe haben, diese mehr als 30 Seiten schwer verdauliche wissenschaftliche Kost in 60 Minuten auch nur einfach zu lesen. Ein fortgeschrittener Sumerologe kann, wenn er rezipieren will, nur langsamer lesen. Der Herausgeber der angesehenen „Zeitschrift für Assyriologie“ müsste, wenn er seine Herausgeberrolle ernst nimmt, noch langsamer arbeiten. Für noch mehr sachlich notwendigen Zeitaufwand spricht, dass sumerologisch viel Neuland bearbeitet wird. Der Artikel wurde um 18.33 Uhr versandt. Man verstehe bitte mein großes Erstaunen, als ich bereits um 20.11 Uhr eine Antwort erhielt. Nach 98 Minuten!

Sehr geehrter Herr Dr. Burgard,

vielen Dank für ihre Einsendung. Es ist beeindruckend, dass Sie sich noch einmal an die Arbeit gesetzt haben. Allerdings sind nach wie vor die Prinzipien der Keilschrift und des Sumerischen in keiner Weise beachtet, so dass dieser Aufsatz nicht in einer wissenschaftlichen Zeitschrift akzeptiert werden kann. Es ist mir bewusst, dass die Sumerologie von außen sehr verwirrend aussehen mag und es für den Fernstehenden oft nicht deutlich ist, was gesichert ist und wo hingegen Probleme vorliegen, vor allem aber auch, auf welcher Ebene sich die Probleme befinden usw.

Mit freundlichen Grüßen,
Walther Sallaberger

Meine erste Reaktion war keine Enttäuschung über die erneute Ablehnung – mit der ich wegen des Inhalts des geführten Nachweises ja rechnen musste –, sondern ein Entsetzen über die BLA,BLA,BLA-Begründung, die, da der hohe Herr offensichtlich nichts Konkretes vorbringen konnte, gar mit einem „usw." schloss. (Anmerkung: die obige Trennung von „sodass" in zwei Wörter ist Original Professor Sallaberger). Ich beschloss, jetzt etwas deutlicher zu werden. Am 08.12.2020 wurde um 10.10 Uhr folgende Mail versendet:

Sehr geehrter Herr Professor Sallaberger,

Sie geben anderthalb Stunden – abzüglich Abendessen? – nach Empfang meines nicht gerade oberflächlichen Textes vor, ich „betrachte die Sumerologie von außen" und sei ein „Fernstehender", der „die Prinzipien der Keilschrift und des Sumerischen in keiner Weise beachtet".

Ich bin kein Dummschwätzer und Hobby-Sumerologe, sondern habe nach einer äußerst erfolgreichen Karriere als Ökonom und Währungsspezialist auf höchster internationaler Ebene und Lehrbeauftragter an einer Universität nach überstandener schwerer Krankheit mit 60 Jahren begonnen, 8 Semester Altorientalistik an verschiedenen Universitäten zu belegen. Angesichts des Gewichtes Ihrer Behauptungen darf ich Sie daher bitten, mir je zwei der angesprochenen Prinzipien konkret zu benennen, weil ich sonst an mir, gleichzeitig aber auch an der Richtigkeit Ihrer Behauptungen zweifeln müsste.

Ich möchte nicht, dass bei mir der Eindruck entsteht, Sie hätten einfach ex cathedra gehandelt, weil das Ergebnis meiner Arbeit ‚weltanschauliche' „Prinzipien des Sumerischen" unter Beachtung der Prinzipien der Keilschrift ad absurdum führt … Es hat halt doch, wenn man der Umschrift der Tempelhymnen vertrauen darf, leibhaftige DI.IN.GIR gegeben, was nichts mit ‚gedanklichen Konstruktionen religiöser Hirne' zu tun hat oder mit erfundenen Astralgottheiten.

Die Sachlage ist für die Sumerologie zu ernst!

Mit freundlichen Grüßen
Hermann Burgard

Noch am gleichen Tag, wiederum nur äußerst erstaunliche 25 Minuten später, um 10.35 Uhr, erhielt ich folgende Antwort:

Sehr geehrter Herr Dr. Burgard,

es ging mir, wie Sie gesehen haben, in erster Linie um die Art und Weise, wie sumerische Wörter und das Schriftsystem behandelt werden. Sie hatten zum Beispiel, wenn ich mich richtig erinnere, iri „Stadt" in ir-i zerlegt; das ist leider so nicht möglich, und zwar deshalb nicht, weil es ein Logogramm ist (dessen Lautgestalt im Fach ausführlich diskutiert wurde); das von Ihnen zitierte Emesal-Wort wäre hier ohnehin ein Fremdkörper. Ebenso ist das hier zitierte di-in-gir unmöglich für die Angabe einer Bedeutung. Selbstverständlich diskutiert man in der Wissenschaft seit mehr als 100 Jahren die Lesungen im Sinne einer Phonem-Rekonstruktion, selbstverständlich gibt es manchmal Vorschläge zu einer Etymologie auch bei Logogrammen; es ist völlig klar, dass hier Vieles im Fluss ist. Aber wenn eine Interpretation di-in-gir geboten wird, muss in einem wissenschaftlichen Aufsatz innerhalb des Systems der Keilschrift nachgewiesen werden, dass eine solche Zerlegung überhaupt möglich ist; das darf sich natürlich nicht allein auf Wortbedeutungen gründen, sondern dafür muss man Hinweise in den Texten suchen – und ich meine natürlich nicht die Ausspracheangaben in lexikalischen Listen, die sich alleine auf die Lautgestalt, aber nicht die Semantik eines Wortes beziehen (die in einer lexikalischen Liste links vom Basiszeichen stehen). Dieses methodische Problem der Zerlegung von Logogrammen ohne Begründung kann ich innerhalb weniger Minuten erkennen, und deshalb auch erkennen, dass es sich nicht um einen Aufsatz handelt, der dem Anspruch der ZA gerecht wird. Als Herausgeber übernehme ich gerne die Verantwortung für meine Endscheidungen. Ihr persönlicher Einsatz ist damit überhaupt nicht in Frage gestellt. Die ZA ist wohl einfach nicht der richtige Ort für die Veröffentlichung dieses Beitrags.

Mit freundlichen Grüßen
Walther Sallaberger

Der gute Mann war demnach der Meinung, ich hätte zwei Logogramme zerlegt, wie er schreibt, einmal eins in ir-i und einmal eins in di-in-gir. Aber da standen doch, nach der Transkription von [1] zu urteilen, im dort sogar als fraglich (!) gekennzeichneten Originaltext, überhaupt keine Logogramme! Meine höfliche aber wissenschaftlich eindeutige Antwort dazu findet der Leser im nachfolgenden Brief.

Gerne hätte ich jedoch aggressiver gefragt, ob der Herr Professor sich überhaupt je darum bemüht hat zu wissen, was sich die Babylonier gedacht haben, als sie unzweifelhaft von *Dingir* berichteten und eine lange Liste für Zeichenwerte von Keilschriftzeichen überlieferten (siehe Bezug auf Deimel ausführlich weiter vorne) um zu umschreiben, worum es sich gehandelt hat. Statt etwas über Zeichenwerte in diesem Zusammenhang zu wissen, spricht der Wissenschaftler von „Wortbedeutungen". Von einem frischweg behaupteten methodischen Problem der „Zerlegung von Logogrammen" konnte schon deshalb nicht die Rede sein, weil es in meinem Artikel überhaupt nicht um Logogramme und deren „Zerlegung" geht.

Ist dem hohen Herrn Herausgeber die Ablehnung des Beitrages deshalb so leicht gefallen, weil er – vielleicht sumerologisch teilweise etwas unbedarft – überhaupt nicht wusste, worum es ging? Oder haben ihn nur seine „Götter" mit extremer „Blindheit geschlagen", weil sie nicht bereit waren, aus seinen orthodoxen sumerologischen Übersetzungen zu verschwinden?

Wie dem auch sei, hier meine Antwort vom 10.12.2020, 14.37 Uhr:

Sehr geehrter Herr Professor Sallaberger,

vorweg besten Dank, dass Sie sich die Mühe machen, einen ´alten Herrn` belehren zu wollen. Auf alle Fälle nehme ich zur Kenntnis, dass eine Veröffentlichung in der ZA nicht in Frage kommt. Ob, wie Sie andeuten, „die Art und Weise, wie sumerische Wörter und das Schriftsystem behandelt werden" dafür maßgebend sind, muss ich allerdings bezweifeln, wenn ich Ihre beiden konkreten Beispiele analysiere.

Erstens a) hätte ich iri „Stadt" in ir-i zerlegt, was nicht möglich sei, weil es sich um ein Logogramm handele, und b), das zitierte Emesal-Wort sei ohnehin an dieser Stelle ein „Fremdkörper".

Zu a): Vielleicht hätten Sie beachten sollen, dass uru und iri in der Umschrift nicht als Zeichennamen mit Großbuchstaben geschrieben sind, also kein Logogramm angedeutet wird. Zudem werden, wie von mir herausgestellt, beide Kleinschreibungen durch ein Fragezeichen als unsichere Lesung charakterisiert. Drittens habe ich einleitend ausdrücklich darauf verwiesen, dass bei allen vorliegenden Textzeugen offensichtlich Hör- und Verständnisprobleme nachgewiesen werden können. Viertens muss, wenn man Sprachrhythmus und übliche Gedankenfolge der Encheduanna kennt, an dieser Stelle der Zeile eine Verbalaussage folgen, weshalb Ihre Annahme eines Logograms=Nomen nicht zutreffen kann.

Zu b): Emesal-Wörter kommen auch an anderen Stellen der Tempelhymnen vor, wenn sie vom Sprachrhythmus her besser passen und das Gewünschte aussagen. Ist es Ihrer geschätzten Ansicht nach nur Zufall, dass einerseits der Sprachduktus passt und andererseits eine Verbalaussage vorliegt und drittens diese hier, ausschlaggebend, Sinn macht?

Zweitens gehen Sie davon aus, ich hätte a) im Text irgendwo eine Phonem-Rekonstruktion di-in-gir angeboten und dann müsse b) nachgewiesen werden, dass eine solche Zerlegung überhaupt möglich ist.

Zu a): Diese Behauptung ist schlicht falsch.

Zu b): Ich muss nichts nachweisen, da ich nicht zerlegt habe.

Vielleicht oder sicherlich stoßen Sie sich an einer Bemerkung in meiner letzten Mail, wonach es „leibhaftige DI.IN.GIR" gegeben hat. Diese Bezeichnung habe ich nicht erfunden. Professor Anton Deimel, Direktor des Päpstlichen Bibelinstituts, hat 1925 in einem Ergänzungsheft 1, „Vollständiges Syllabar", zu seinem „Sumerisches Lexikon" den Determinativ-Stern, der neuerdings mit „Gott, Göttin, Götter" übersetzt wird, unter der Nr. 13 behandelt. Dort zeigt die erste Spalte die meistzitierte neuassyrische Zeichenform, die letzte Spalte unter ‚a' die Urform, unter ‚ab' altbabylonische Formen, während das cassitische Zeichen unter ‚c' folgt und die neubabylonischen unter ‚nb'. Die zweite Spalte bringt die von den Babyloniern überlieferten Zeichenwerte oder Zeichennamen, die dritte die von den Babyloniern mitgeteilten Lautwerte. Um abzukürzen erwähne ich nur, dass unter diesen Lautwerten als Viertes di-gi-ir aufgeführt wird. In der erwähnten zweiten Spalte mit den Zeichenwerten / Zeichennamen findet man ebenfalls an vierter Stelle DI-IN-GIR. Meine Schreibung mit Zwischenpunkten statt Zwischenstrichen ist nur eine Anpassung an die modernen Gewohnheiten. Sie würden das als Logogramm bezeichnen, ich übersetze. Gemäß Sommerfeld's Belegsammlung, Nr. 740, ist di – damit auch DI – gleich Urteil / Entscheidung, auf Deutsch ist damit aber auch „Entscheider" erlaubt. Gemäß der Zeichen-Funktion des ePSD bringt IN, dann als gir12, „bewegliche Dinge" und Sommerfeld Nr. 1599 kennt für gir / gir mit Dach, (1742), Skorpion/Blitz, damit auch Blitzendes. Daher: „Entscheider die sich mit Skorpionen / mit Blitzenden bewegen". Darf ich hier ganz leise an mein Beispiel 10 betr. Zeile 530 der Tempelhymnen erinnern?

Ich übertrage Ihnen gerne auch, so Sie es wünschen, die anderen 12 Zeichenwerte, die alle in die gleiche Richtung gehen. Auch bin ich gerne bereit, mit Texten deren Entstehung vor Encheduanna zurückreicht, zu beweisen, dass es tatsächlich Persönlichkeiten mit Fleisch und Blut waren ... aber das möchten Sie sich höchstwahrscheinlich nicht antun ... oder vielleicht doch, da ja an meinen Aussagen u. U. etwas dran sein könnte, --- um der Wissenschaft willen???

Der 88-Jährige hat eine Bitte: Überschlafen Sie Ihre Antwort mindestens eine Nacht, vielleicht sogar zwei Nächte. Sie könnten sich um einen Teilbereich der Sumerologie „verdient machen" ...

Mit freundlichen Grüßen
Hermann Burgard

Nach den höflichen aber deutlichen Zurückweisungen im Hauptteil der vorstehenden Mail demnach in den beiden letzten Abschnitten ein Versuch, dem sprachwissenschaftlich offensichtlich teilweise überforderten Herausgeber der ZA eine Brücke zu bauen. Nimmt er mein im vorletzten Absatz enthaltenes Angebot an, kann ich ihn über den neuesten Stand betr. Dingir informieren und wir würden weiter diskutieren. Nimmt er nicht an, kann mich niemand daran hintern, an die Öffentlichkeit zu gehen, um seine mit sachlicher Unkenntnis verbundene Totschweigetaktik offen zu legen.

Auf Grund der mit diesem hohen Vertreter der klassischen Sumerologie kurz vorher persönlich gemachten Erfahrungen äußerte ich dann noch im letzten Absatz eine Bitte, mit der ich ihn – gewissermaßen väterlich – davon abhalten wollte, überstürzt zu reagieren und sich dadurch gründlich zu blamieren.

Verschwendete Liebesmühe ...

Noch am gleichen Tag, dem 10.12.2020, und wiederum nur 28 knappe Minuten später, hatte der Herr Herausgeber eine durchaus höfliche Antwort „fix und fertig":

Sehr geehrter Herr Dr. Burgard,

vielen Dank für Ihre ausführliche Antwort.

Mit freundlichen Grüßen
Walther Sallaberger

Ich rätselte einige Zeit, was das bedeuten könnte.

Offensichtlich: Der Herr Professor wollte keine weitere Diskussion …

Offensichtlich: Der Herr Herausgeber der ZA reagiert oberflächlich, ist sumerologisch teilweise unbedarft und – vor allem – dann auch noch lernresistent.

Offensichtlich: Auch kein Versuch seinerseits, seine wissenschaftlich äußerst missglückten Beispiele zu retten …

Nicht einmal ein kleiner zusätzlicher Versuch seinerseits, mit neuen konkreten Beispielen zu überzeugen …

Demnach von Seiten des hochplatzierten lernresistenten Herrn Herausgebers letztlich wissenschaftlich unhaltbare und äußerst platte Prinzipienbehauptungen ohne den geringsten Beweis …

Weiterhin – wie konnte es auch anders sein? – strikte Ablehnung jeglicher Hinweise auf eine geschichtliche Realität der Dingir …

Exkurs: „Familiengott" oder „*Dingir* mit dem Zerkleinerungshaus"?

Zu welchen Behauptungen es führen kann, wenn man das Keilschriftzeichen AN als „Gott" übersetzt, möge eine noch nicht allzu alte Interpretation aufzeigen, die von Prof. Selz in [39] abgeleitet wird. In §1.3 auf S. 607/608 findet man wörtlich zwei Aussagen, die durch kurze Zwischenüberlegungen getrennt sind:

On the basis of writing variants we can demonstrate that the family deity of the Old Akkadian dynasty, sometimes transliterated as ^{d} a-ba$_4$, was called Il-Aba ....

The name Il-Aba therefore should be translated as „God/IL (is) the Father" or „The Father is God", where the „Father", with almost complete certainty, refers to the more or less mythic ancestor of the Sargonic dynasty.

Wenn man demgegenüber der Überlieferung eines Textes vertrauen kann, den Echeduanna, Sargon´s Tochter, verfasst hat, hatte Sargon´s Familie eine andere Sicht. Ich beziehe mich auf TH 40 und insbesondere deren Zeilen 526 und 528. Dort wird in [2] zweimal die Umschrift gebracht

^{d} a-ba$_4$ dingir a-ga-de$_3$ ^{ki} -ke$_4$

Da gemäß der unmittelbar vorausgehenden Z 525 „*Verfeinerbares = Karbid im Überfluss hergestellt*" wird, was tatsächliche Kalkstein-Zerkleinerung voraussetzt, darf man *^{d}a-ba$_4$*, wie in [13], S. 218 - 224 abgeleitet, als einen realen *Dingir mit dem Zerkleinerungsgebäude* begreifen. Da dann in der Umschrift *dingir* wiederholt wird, erfolgt die ausdrückliche Feststellung, dass es sich um einen real funktionierenden *Dingir in Akkad* in der Frühzeit gehandelt hat und nicht um einen mythischen „Stadtgott" späterer Zeit.

Weitere Auskunft erteilt Encheduanna so nebenbei in TH 35, Z 456 (bzw. nach anderer Zählung 457). Demnach gab es in Kish den Tempel eines *Dingir Za-ba$_4$-ba$_4$*, gemäß [13], S. 157, zu übertragen mit *Dingir der Steine zerteilt und zuteilt.* Dieser aber war gemäß zwei Steintafeln von Encheduanna´s Vater Sargon identisch mit einem – schlecht transkripierten – *Ilaba.* Und den setzt Selz zu Recht mit *^{d} a-ba$_4$* gleich.

Doch damit nicht genug. Ich habe in [13], S. 156, aufgezeigt, dass gilt

Dingir Za-ba$_4$-ba$_4$ = Dingir IM = Dingir Ish.kur

Demnach war ^{d} *a-ba$_4$* kein mythischer „Familiengott“ der Sargoniden, sondern ein realer *Dingir mit einem Zerkleinerungsgebäude,* identisch mit *Dingir Ish.kur,* dem *Dingir mit dem Stein-Brenngebäude,* aktiv im Rahmen der Flutbeschreibung in TH 27 und Enkel des *A-NU, des Obersten (AN) aus dem „Himmel“.*

Hinweise auf die vorgeschichtliche Erzeugung von Öl und Ölderivaten

Die „Tempelhymnen“ liefern uns eine ganze Reihe von Beispielen.

TH 8, betreffend Ur, Z 114

Für das Ende dieser Zeile in der Tempelhymne betreffend Ur zeigt die Umschrift in [2] vier Keilschriftschreibweisen auf, die sich jedoch durch Hör- und Verständnisschwierigkeiten der Kopisten erklären lassen. Ich rekonstruiere das Zeilenende mit ... *igi* i_3 *i* gal_2. Die Übersetzung dann:

Z 114: Schrein, Hort der Dingir mit Blick auf den Behälter

zum Hineinbringen von Öl

Dies ist übrigens eine der Stellen in den „Tempelhymnen“, an der das Keilschriftzeichen Nr. 13 des Deimel-Syllabars kein Determinativ sein kann, sondern selbst verwirrte orthodoxe Sumerologen zugeben müssen, **dass *Dingir* in der Mehrzahl grammatikalisch klar als Personen angesprochen werden. Dann aber sollten sie doch vielleicht mit Fleisch und Blut existiert haben ...**

TH 30, betreffend Isin

Das Keilschriftzeichen i_3 für Öl findet man in der Umschrift für diese Hymne dreimal, zweimal im Namen der behandelten Stadt und einmal in der Hauptform einer *Dingir*-Bezeichnung in Z 393. Stadtnamen und *Dingir*-Bezeichnungen gelten in der modernen Sumerologie als unübersetzbar. Ich wage es, obwohl es verwirren könnte.

Der Stadtname wird sowohl in Z 379 als auch in Schluss-Zeile 395 mit i_3-*si-in*^{ki} umschrieben. Um *in/IN* ist unterschwellig insofern eine Diskussion laufend, als alte Bedeutungslisten ohne Textbezug *sich bewegen in* oder *Königin* melden, neuerdings aber mit Belegstellen stattdessen *Sektor/Abschnitt* oder *bewegliche Dinge* angeboten wird. Wenn man der modernen Deutung folgen will, wird aus dem Stadtnamen eine

Stelle des Sektors/Abschnitts für Hochtreib-Öl

Abbildung 8: Jüngste Rekonstruktion der beiden untersten Stockwerke der ca. 2.100 v. u. Z. gebauten Zikkurat von Ur, die ihrerseits auch nur eine Rekonstruktion eines wesentlich älteren Bauwerkes war … (Quelle: Bearbeitetes Foto aus smarthistory, Dr. Bergmann)

Die Bezeichnung der *Dingir*-Persönlichkeit in Z 393 lautet in der Hauptumschrift *nin-*i_3*-in-si-na* während in einer Nebenform das i_3 für Öl wegbleibt.

Um noch etwas Verwirrung anzudeuten, vorweg noch einmal zu *nin*. In der eingangs erwähnten „Götter"-Liste [6] wird die Altform dieser Bezeichnung mit *NI.IN* aufgeführt. Moderne Altorientalisten werden, wie oben nachgewiesen, erstaunt begreifen müssen, dass das eine

Nispe ist und geschlechtsneutral meint *„Jemand der sich mit einem Leuchtenden/Strahlenden/Glänzenden bewegt“*. Lesend dass die bezeichnete *Dingir*-Persönlichkeit eine *Tochter* und demnach weiblich ist, übersetze ich die Hauptform modern mit

Herrin des mit Öl bewegten Hochtreibers

Die Nebenform wäre dann eine

Herrin des sich bewegenden Hochtreibers

Abseits von Öl birgt diese TH indessen noch weitere Anlässe für Irrungen und Wirrungen oder vielmehr, diese zu beseitigen. So erlaubt eine Zusammenschau der Zeilen 384 und 386, die jahrzehntelange verwirrende orthodoxe Diskussion drüber zu beenden, was *dingir.dingir* und *a.nun.na* wirklich unterscheidet.

Ich werde darauf näher eingehen, wenn ich demnächst in einem ABC zusammengefasst veröffentliche, was aus meiner Sicht detailliert zu jedem *Dingir* gesagt werden kann, den Encheduanna einzeln in den „Tempelhymnen“ anspricht. Dort werden auch die Wirrungen betr. die oben angesprochene „*Tochter*“ auseinanderdividiert.

Anderes – eher lächerliches – Durcheinander geht in dieser TH von einem Begriff aus, der in den Zeilen 387 und 389 aufscheint: *nu-gig*. Vorsichtige Sumerologen haben sich durch Nichtübersetzung nicht angestrengt. Weniger Vorsichtige haben eine skurile Sammlung geliefert. Alternativ soll es sich um eine „Göttliche“ handeln, um eine „Klasse von Priesterinnen“, eine „tabuisierte Frau“ oder gar um eine Art „himmlische Liebesdienerin“.

SB kommen in [2] das große Verdienst zu, im Kommentar zu Z 387 die Schreibweise aufzuführen, die in *eme-sal* für *nu-gig* zu finden ist: *mu-gi*$_{17}$*-ib*. Das darf nun aber tatsächlich mit *Fluggerät-Umkehrstelle* übertragen werden, weil *gi*$_{17}$ eindeutig *zurückkehren/umkehren/ drehen* hergibt und *mu* als *Lärmender* gleich *Flugapparat* ist. In frühen Quellen und vielleicht auch bei Encheduanna dürfte *MU.GI.IB* geschrieben gewesen sein ...

Z 387 macht die Angelegenheit trotzdem nicht einfach, da vor dem schwierigen Begriff auch noch *ama* steht, was normalerweise „Mutter" heißt. Bisherige Übersetzer nahmen daher in dieser Zeile zu einer „Mutter-Nugig" Zuflucht. Nun meint *ama* im weiteren Sinn aber auch, wie von mir immer wieder betont, *Amme/Hüterin*. Und das passt in den Kontext der Z 387 als *Hüterin der Flugapparat-Umkehrstelle.*

Trotzdem werden Sumerologen – wenn sie die verwirrenden Kommentare ihrer Kollegen zu Z 387 ernst nehmen – einwenden, an vielen anderen Stellen in der Literatur handele es sich vom Kontext her aber eindeutig auch ohne den erwähnten *ama*-Zusatz um eine Person. Kein Problem: Sie sollten daran denken, dass – wie so oft bei Personenbezeichnungen – eine Nispe vorliegen kann. Dann aber ist eine ***Nugig* = *Die von der Flugapparat-Umkehrstelle***. Das ist dann ein Titel, der ursprünglich nur wenigen *Dingir*-Damen zukam, später aber auch einer wichtigen Klasse von Priesterinnen zuerkannt worden ist.

TH 21

Wie aus dem Zusammenhang und TH 20, Z 247, hervorgeht, beschreibt diese Hymne Stellen und Ereignisse in der Nähe von Lagasch. Dabei handelt es sich – wie TH 22, Z 276 ff. erkennen lässt – um die *vorsintflutliche* Stadt und nicht um das große staatliche Gebilde, in dem diese Stadt nach der Flut gelegen war. Noch genauer geht es, wenn man Z 247 beachtet, um eine *Bucht vor der glanzmetallenen Stelle zum Steinherrichten*.

An der *Stelle zum Steinherrichten* stand gemäß Z 266 ein besonderes Gebäude, das mit (zum Teil schwer verständlichen) Varianten beschrieben wird, von denen wir der Kürze halber hier nur eine erwähnen:

Z 266: Gebäude zum Spalten/Kräcken von Erdölsubstanzen,

Verteilerstation, raffiniertes Öl wird weggebracht als „schwarzes

Holz".

Drei wichtige Aussagen!

Erstens wird die vorgeschichtliche, ja vorsintflutliche Existenz einer Ölraffinerie festgehalten. Zweitens war die Raffinerie mit einer Verteilerstation verbunden. Drittens wurde bei der Verteilung des raffinierten Öls, d. h. von Ölderivaten, irgendwohin „schwarzes Holz“ geliefert. Wozu? Damit wird die letzte Stufe der Herstellung von Karbid angesprochen, die eine Hinzufügung des chemischen Elementes Kohlenstoff voraussetzt. Dieser wird hier in Form von *„gestaltetem Öl“*, d. h. als raffiniertes ÖL oder Ölderivat, geliefert, das unbeholfen als *„schwarzes Holz“* bezeichnet wird.

Ein anderes Lieferziel für Öl wird schon vorher in Z 263 bezeichnet:

Z 263: Vom Schrein an der glanzmetallenen Stelle des

Steinherrichtens bringt der NU.MU.UN =

der „Sich Schnell Drehende Oben Lärmende“

Öl zu dem aus Glanzmetall gefertigten „Himmel“.

*Der herrlich gestaltete „Lärmende“ dockt (*dort*) an.*

Was geschieht dort mit dem Öl?

Die orthodoxe Lehre hat zu Beginn der nachfolgenden Zeile die offensichtlich schlecht lesbaren Keilschriftzeichen so gedeutet, dass SB i_7 und ET id_2 gefunden haben wollen. Dann wird mit den drei nachfolgenden Zeichen daraus ein „Urteilsfluss“ für „Gottesurteile“, in den Menschen geworfen und ihrem Schicksal ausgesetzt werden können. Diese irreführende Deutung kann deshalb nicht akzeptiert werden, weil klar nachfolgt: „*... jemand entlädt es, lässt reinigen*“. Wenn dagegen das fragliche Zeichen als i_3 = *Öl* genommen wird, wie es dem Text und dem Kontext entspricht, dann wird die Zeile verständlich:

Z 264: In seinem Innern Öl, geeignet als Kraft = Treibstoff,

jemand entlädt es, lässt reinigen.

TH 27, Z 335

Die karge gerettete Umschrift – *...dungu-sir$_2$-ra...* – der Z 335 zieht die Aufmerksamkeit auf sich, weil sich unter den drei angeblich lesbaren Zeichen auch *sir$_2$* findet, das ich soeben in TH 21, Z 266, vorsichtig mit *Erdölsubstanzen* identifiziert habe, weil dort nicht klar ist, was man unter *Pech/Bitumen* genau verstehen soll.

SB setzen in der Umschrift *dungu* mit *IM.DIRI* gleich und übersetzen das Ganze mit ... *dicke (und schwere) Wolke* ... Als Variante für die Umschrift wird zusätzlich noch *tir/nir-an-na-ke$_4$* angeboten, mit Übersetzungen *Regenbogen/ Himmels-Gewölbe* im Kommentar.

Vielleicht sollte ich für wissbegierige Studenten der klassischen Lehre zwischenschieben, dass die Tempelstadt Uruk ursprünglich auch als Stadt des *TIR.AN.NA* bekannt war. Die gängige Übersetzung in orthodoxen Universitätskreisen lautet denn auch „Regenbogenstadt“. Das ist schlichtweg falsch, weil eindeutig auf ein Missverständnis zurückzuführen.

In der Sammlung der Universität Yale gibt es nämlich ein unveröffentlichtes Stück der sog. Sumerischen Königsliste [20], in dem statt *TIR.AN.NA* einmalig *BAN.AN.NA* zu lesen ist. Und nun kommt ein Phänomen ins Spiel, das viel zu wenig beachtet wird. Die Schriftsymbole *TIR* und *BAN* wurden sowohl in sumerischen als auch in akkadisch/babylonischen Texten verwendet und hatten in Akkadisch/Babylonisch die Bedeutung zwei recht ähnlich klingender Wörter. *TIR* gleich *„Wald“* wird als *quischtu* gesprochen und *BAN* gleich *„Bogen“* als *quaschtu*. Wegen Hörfehlern und Hin- und Herübersetzungen dürfte daher *BAN*, wie in Quelle [20] gefunden, für das Sumerische richtiger sein als *TIR*. Dann aber darf ich den für Uruk gefundenen uralten Namen mit *Stadt des Himmelsbogens* übertragen. Irgendwie müsste demnach die richtige Übersetzung der Z 335 etwas mit einem *bogenförmigen Fluggerät* zu tun haben.

Existierte denn überhaupt irgendwann ein sumerisches Wort *dungu* ? Nein, die Bezeichnung ist altbabylonisch! Dann aber musste ein Hör- oder Verständnisfehler beim Kopieren aufgetreten sein!

Eine Zerlegung in die Laute *dun* und *gu* führte weiter. Ich fand, dass das sumerische *dun* mit dem Zeichen *BUR*$_2$ geschrieben worden war, was an drei oder vier anderen Stellen der Tempelhymnen *Flugschale* bedeutet hatte. Für *gu* bot sich *gu*$_4$*/gud= Stier* an oder *GU*$_2$*=Kraft/Stärke.* Da das nachfolgende *sir*$_2$*-ra* gleich *ÖL kräcken* gesetzt werden konnte, war dann die ursprüngliche Schreibung entweder zu lesen als

Flugschale Stier Öl kräcken > Ölderivat oder

Flugschale Kraftstoff Öl kräcken > Ölderivat

Da der *Stier* bei Encheduanna (vgl. TH 15) als identisch mit *Himmelsbogen* und *Flugschale* angesehen werden darf, optiere ich für

Flugschale + Kraftstoff/Treibstoff + Öl kräcken > Ölderivat.

Weil es sich um einen Zeilenrest handelt, der keine klaren grammatikalischen Hinweise gibt, kann man nur ahnen, was dafür in gutem Deutsch zu schreiben wäre.

Berichte über die vorgeschichtliche Nutzung von Azetylen und Ölderivaten zum Düsenantrieb

In dem oben abgedruckten Artikel über die vorgeschichtliche Erzeugung von Azetylen wurde darauf verwiesen, dass das mit einer verhältnismäßig einfachen Technologie zu erzeugende Karbidgas / Azetylen / Auflösungsgas allein schon mit normaler Luft zu einer Flamme von 1.900 bis 2.300 Grad führt. Schon damit wäre ein schwacher Düsenantrieb möglich gewesen.

Aus den Berichten der Encheduanna kann nicht geschlossen werden, dass es zeitweilig so war. Zwar betont sie immer wieder, die Flugapparate der *Dingir* hätten sich mit *Rauch und Gestank* fortbewegt, und man weiß aus dem Chemieunterricht, dass mit normaler Luft verbrennendes Karbidgas sehr viel rauchenden Ruß entwickelt, weil der Sauerstoffanteil der Luft zur völligen Verbrennung des Gases nicht ausreicht. Auch wissen wir, dass Verunreinigungen des Karbids beim Verbrennen des Gases zu üblem Gestank führen können. Doch wer uns heutigen Menschen technologisch so überlegen war wie die *Dingir*, dürfte wohl kaum darauf verzichtet haben, dieses Auflösungsgas mit anderen Komponenten zu ergänzen. Dazu dürfte zur Reduktion der Rußentwicklung und zur Nutzung im Sauerstoff freien Raum auch Sauerstoff gehört haben.

Zudem stellte sich ein Lagerungsproblem für Karbid. Wenn nicht sorgfältig vor Feuchtigkeitszutritt geschützt, bildete sich z. B. mit der Luftfeuchtigkeit automatisch Azetylen, das seinerseits bei genügend Luftzutritt zur Selbstentzündung neigte. Encheduanna teilt uns z. B. in TH 40, Z 514, in diesem Sinn – wobei sie Karbid als „*Verfeinerbares*" umschreibt – mit,

... Verfeinerbares ist in Flammen aufgegangen, einst aufgehäufter Reichtum wurde zusammengeschlagen und zermalmt, der Tempel durch Brand zerstört ...

Da man anschließend vorsichtiger war, ergänzt dann Z 516

… *doch wurde das verfeinerbare Material (*= Karbid*)*

in einem Behälter aufgehoben.

Dazu passt, was in TH 42, Z 537, übermittelt wird. Encheduanna benutzt dabei einen Begriff, den ich erläutern muss, weil die Orthodoxie mich sonst wieder als *Kuriosum* bezeichnen könnte. Aus der Umschrift kann man *IM GAR MUSCH₃* extrahieren, einen Begriff, der bisher unverstanden blieb. *IM* umschreibt normalerweise *Wind/Sturm/blasen*; *GAR* umschreibt *Erzeuger /Planer/ Ausrichter/ Steuerung*; *MUSCH₃* umschreibt in einer Bedeutung *Gestalt/Form/Gestaltung/Wesen*. Die auf Deutsch aufgezeigten Werte sind dabei als eine Art innerer Kern anzusehen, um den sich eine gewollte Aussage lagert: Encheduanna hat uns in die Produktionstechnik in Eresch eingeführt, wo es um die Erzeugung eines Treibgases ging. *IM* also *Gas*? Wenn das zutrifft, dann meint *GAR* sicherlich *Erzeuger*. *MUSCH₃* wäre dann eine *Gestaltung*, die Gas erzeugen kann: ein *Gerät*! Daher:

Z 537: Das Gas-Erzeugungsgerät legt sie still/kühlt sie ab, indem sie

die Wasser-Öffnung/das Zulaufventil des Kessels beseitigt/schließt.

Das **Gas-Erzeugungsgerät** hätte demnach verhältnismäßig sicher im Flugapparat benutzt werden können, indem es einerseits kontinuierlich – aus dem vorerwähnten *Behälter* – mit Karbid gefüttert wurde und andererseits über ein Zulaufventil die gewünschte Menge Wasser erhielt. So nebenbei weist die Hohepriesterin wissend darauf hin, dass bei dem ablaufenden chemischen Prozess Hitze entsteht.

Sicherer wäre es gewesen, wenn erzeugtes Gas in Alkohol gelöst unter Druck und gekühlt im Flugapparat mitgeführt worden wäre, zumal eine Lösung in Alkohol beim Verbrennen je nach Alkoholgrad weit höhere Temperaturen als 2.300 Grad erreicht. Zur tatsächlichen Alkoholerzeugung siehe weiter hinten in der „Nachlese“ unter **„Bioethanol am Göbekli Tepe“.**

Durch Einblasen eines geeigneten Erdölderivates – Öl-Reservelager klingen ja in Z 114 und Z 393 an – in die brennende Gas-Rückstoßflamme kann ein äußerst wirksamer Düsentreibstoff gewonnen werden. Nutzung siehe bereits teilweise oben. Wichtige zusätzliche Einzelheiten bringen zwei Zeilen der TH 37. Daher zunächst zu

TH 37, Z 475

Berücksichtigt wird aus Raumgründen nur der zweite Teil dieser Zeile. Ebenfalls aus Raumgründen werden ungläubig irritierte Altorientalisten zur Begründung der Übersetzung auf die sog. „Partitur" der überlieferten Umschriftzeilen verwiesen, die sie unter Endnote 16 in [13] finden können. Zum besseren Verständnis dieser Endnote sei noch vermerkt, dass für die Bearbeitung dieser Zeile auch auf die S.137-139 von [21] zurückgegriffen worden ist. Dann erhält man

Z 475: ... („schwarzes Holz"=) ein Ölderivat wird hereingebracht;

Getrocknetes, zur Gasfreisetzung Geeignetes, ...X

Von der Satzstellung und vom Zusammenhang her war X ein Verbum. Es dürfte *geladen* gelautet haben. Was somit im zweiten Teil dieser Zeile steht, kann sich die Priesterfürstin nicht selbst ausgedacht haben: Zum Antrieb des *Lärmend-Leuchtenden* (so wird der Flugapparat kurz vorher benannt) wurde gemäß dieser Zeile ein Ölderivat zusammen mit Azetylen verwendet, das selbst im Fluggerät aus Karbid erzeugt wurde.

Noch sensationeller als sprachliche Darstellung aus der Vorzeit aber ist die vorausgehende Z 471, die ich zunächst mit den vorgefundenen Umschriften präsentiere:

Z 471 SB: e_2 *lugal-mu gidri-zu an-na [sh]i-b[*i_2 *(x) x]-bad-du*

ET: e_2 *lugal-*ju_{10} *jidru-zu an-na /ci-*bi_2*/ - [bad]-*ba_9*-*re_6

SB meinen die Hälfte bis zur Klammer übersetzen zu können: *Haus, mein König, dein Szepter streckst du aus in den Himmel.*

ET kommt stattdessen zu: *Haus, mein Herrscher, dein Szepter erreicht den Himmel, ...*

Z 471 ist in der zweiten Hälfte von den Schriftzeichen her ein Scherbenhaufen. Die angeblich gefundenen wenigen Zeichen machen auf der Basis der verfügbaren Wörterlisten keinen Sinn. Auch der Anfang ist ein Beweis für Verständnisprobleme bereits beim Kopieren. SB meinen im Kommentar, es liege eine vom Stil her überraschende direkte Anrede mit „mein König" vor, die sich nicht auf den Vater von Encheduanna beziehe, sondern auf den „Mondgott". Wie bitte?

Das in einer Lesung gefundene *mu* kann statt dem – gegen alle sumerische Grammatik behaupteten – „mein" aber *lärmen/lärmend* hergeben. Zum Schlüssel für das Verstehen der Zeile werden schließlich zwei Punkte. Einmal ist uns schon bei Z 436 über den Weg gelaufen, das *bad-du* am Ende könne man auch als *ba-du = wegfahren* verstehen. *Wegfahren,* von wo? *an-na = vom „Himmel"*!

Zum Anderen erläutert Halloran [10] *gidri / jidru = Szepter / Stock* könne auch als *duru₆* begriffen werden. Das aber sei (S. 58) gleich *PA sche gisch e₃-a*. Unerschrocken wurde auch diese Gleichung gelöst: (wörtlich) *einem „Vogel" dienen als Apparat mit „Bitumen-Eigenschaft"*. Mit anderen Worten: Es geht nicht um ein „Szepter" oder einen „Stock", sondern wieder einmal um ein Fluggerät (*Vogel),* das einen bestimmten *Apparat* benutzt, und dieser Apparat wird seinerseits als mit einer *„Bitumen-Eigenschaft versehen"* bezeichnet. Wörtlich könnte man dabei dieses *e₃-a* als *Aufstiegs-Kraft* verstehen.

Das gestottert Geschriebene im zweiten Teil der Zeile löse ich deshalb in *shi-ibi-ir* auf, siehe Z 332 der „Tempelhymnen": *Auflösen mit Rauch und Gestank*. Dann in verständlicherem Deutsch:

Z 471: Der Gebäude-König fährt, Lärm machend, mit dem Fluggerät, das einen Apparat mit „Bitumen-Eigenschaften" nutzt, unter Ausströmen von Rauch und Gestank vom „Himmel" weg.

Für die Nutzung von Ölderivaten als Düsentreibstoff, deren gemeinsame Verwendung zusammen mit Azetylen Z 475 bestätigt, gab es demnach einen **speziellen Bitumen-Apparat** im (gemäß Halloran) *Vogel* – der vorher in Z 469 *Schüssel* genannt wird, in Z 470 *Oben-mit-Gas- Lärmender*, in Z 472 *Lärmend-Leuchtender* und in Z 473 als $\boldsymbol{u_4}$ erscheint, als das in den übrigen Teilen der „Tempelhymnen" überwiegend agierende *„Licht"*.

Logisch?

Uralte Ortsbezeichnungen als Bestätigung der einstigen Existenz der *Dingir*

Tief vergraben in Arbeiten von Sumerologen habe ich mindestens 4.500 Jahre alte Ortsbezeichnungen gefunden, die ohne die Tätigkeiten realer *Dingir* für mich nicht zu erklären sind. Oder will man der Menschheit weiter *ex cathedra* aus dem „Elfenbeinturm" der Altorientalistik einen Teil der Keilschriftlichen Überlieferungen als extrem gute „Science Fiction" verkaufen?

Dann aber müssten die alten Schreiber Übermenschliches vollbracht haben – etwa von den „Göttern" der Altorientalistik inspiriert?!

Oh, hat es denn „Götter" je gegeben ??? ... Oder waren sie, wie ich meine, nur ein späterer Abklatsch der missverstandenen *Dingir*???

Ich bringe bewusst nur einen Hinweis auf einige der in den „Tempelhymnen" aufscheinenden Ortsbezeichnungen, da sonst zu viele bekannte Argumente wiederholt werden müssten.

Eresch

Der Tempelort, identisch oder Teil von Uruk, kann bei TH 42 wie üblich aus der Schlusszeile Z 545 entnommen werden. Er wird ausserdem noch mindestens einmal (Z 531) genannt. Zimmern [36] verweist darauf, dass der mit „Eresch" übersetzte Name mit dem Wortzeichen „elteg" – gemeint wohl EL-TE-IG, vgl. Zeichen 165 bei [5] – auf den Keilschrifttafeln geschrieben ist und lässt uns auch wissen, dass zusätzlich in Z 532 das gleiche Zeichen weitere zwei Mal in den Originalen steht. In den Umschreibungen fand ich stattdessen sowohl bei SB als auch ET für den Stadtnamen zwar die Umschrift *eresch*$_2$, für Z 532 bzw. Z 540 stattdessen *naga*. All das kam mir seltsam vor ...

Dann wurden die Fragezeichen noch größer. Im Kommentar zu Z 532 führen SB nämlich, nach einer Übersetzung aus dem Sumerischen suchend, für *NAGA/naga* akkadische Äquivalente an, die „Pottasche" oder „Seife" oder gar „Krankheit/Ruhe/Überraschung" bzw. eine unbekannte Pflanze bedeuten. In der Übersetzung der Zeile ringen sich SB dann zu einer einzigen „Laugenpflanze" durch, obwohl das ominöse Zeichen zweimal vorhanden ist. ET erzählt etwas von einer „Pottaschpflanze", ebenfalls vergessend, dass das Zeichen doppelt erscheint.

Ich kann die Argumente abkürzen und auf den oben abgedruckten wissenschaftlichen Artikel verweisen: **Eresch = *naga* ^{ki} = Karbidstadt.**

Eridu

In [13], S. 72 – 74, diskutiere ich mehr als ein Dutzend Schreibungen und Lesungen, die als Erklärung für diese Ortsbezeichnung in der Literatur zu finden sind. Sie laufen alle - bis auf zwei – im Kern auf drei mögliche Grundbedeutungen hinaus: *Stelle der Weisungen, Ort mit den Töpfen, Stelle des glücklichen Herausgleitens/Herausgehens.* Die zwei Ausnahmen lauten *NUN* ^{ki} und als Variante ^{d}*NUN* ^{ki}.

Gemäß der wissenschaftlichen Konvention meint das Zeichen *NUN* normalerweise „Fürst", wofür man im ePSD aber auch „Weisungen" finden kann. Wir würden so eine „Stadt des Fürsten" finden, wobei unter „Fürst" der „Gott" *EN.KI* zu verstehen wäre. Wenn ich stattdessen auf Prof. Deimel [5] zurückgreife, wie in [13] auf S. 75 – 77 getan, finde ich fünf lesbare Zeichenwerte für das Zeichen *NUN*, das dort als Zeichen Nr.87 behandelt wird. Demnach haben die Babylonier folgende Zeichenwerte überliefert, für die ich sofort die von mir abgeleitete Bedeutung mitgebe:

NU-UN = (als Nispe) *Der mit dem sich oben Drehenden*

ZI-IL = *nutzbar zum Auffüllen*

SI-IL = *platzieren zum Auffüllen*

GA-AR = *Liege-Struktur / Hinfahr-Struktur*

ZA = (wegen ZA_3 = *zag* = *einzigartig*) *Der Einzigartige*

NUN [ki] war demgemäß , in der Reihenfolge der fünf Bedeutungen,

- *Stelle von jemand mit einem sich oben Drehenden;*
- *Stelle nutzbar zum Auffüllen* (des Drehenden):
- *Stelle wo* (der Drehende) *zum Auffüllen platziert werden kann;*
- *Stelle der/einer Hinfahr- und Liegestruktur;*
- *Stelle des Einzigartigen* (d. h. Desjenigen mit dem sich oben Drehenden).

Vom Gesamtzusammenhang her war der - für diese Stelle - *Einzigartige mit dem sich oben Drehenden* der *Dingir EN.KI.* Das würde auch die moderne Schreibung der gefundenen Zeichen mit [d] *NUN* [ki] abdecken. Doch muss man sich bewusst sein, dass Letzteres eigentlich *Dingir NUN* [ki] geschrieben werden müsste. Dann war Eridu gleich der *Stelle einer/der Dingir-Hinfahr- und Liegestruktur.*

Kuara

Im Original steht in TH 10, Zeile 137 oder Z 146, nicht *ku-ar*, sondern das Sumerogramm *CHA.A* [ki]. Das könnte vordergründig so viel wie *Ort der Fischgewässer* hergeben. Die für die Zeichenkombination in der wissenschaftlichen Umschreibung vorgeschlagene Lesung *ku-ar* bringt nach oberflächlicher Etymologie etwa *Fisch-Struktur* oder *Fischmühle.* Eine Überlegung, die weiter geht, soll nicht verschwiegen werden. *A* hat auch die Bedeutung *Schöpfer/Erzeuger/Gestalter*, weshalb der Ort ursprünglich wohl ***Stelle der fischartigen Schöpfer*** gemeint haben kann. *ku-ar* wird dann zu ***Struktur der Fischartigen.*** Das ist eindeutig kohärent mit anderen Quellen, wonach an dieser Stelle die *AB.GAL/apkallu*, die fischartig aussehenden weisen Lehrer der Menschheit, aus dem Wasser gestiegen sein sollen, die auch als „Sieben Weise“ bekannt geworden sind. Zeile 137 bringt dann:

Stelle der „fischartigen Schöpfer/Struktur der

Fischartigen“, du birgst das Fundament der

hoch aufstrebenden Steinhalle.

Diese *Halle* war schon in Z 2 der TH 1 für Eridu aufgetaucht, das ja nicht umsonst als der Gebietsmäßig umfassendere Begriff für Kuara gilt.

Lagasch

Für den Namen Lagasch gibt es bisher keine vernünftige Deutung. Ich habe aber einerseits einen Hinweis gefunden, ursprünglich sei der Name der Stadt mit den Zeichen *SHIR. BURxLA KI* geschrieben worden. Man beachte, dass *LA=Überfluss* als in das Zeichen *BUR=Schale* eingeschrieben dargestellt wird. *SHIR=Hoden* macht dazu vom Kontext her keinen Sinn, weshalb angenommen werden darf, dass *$SHIR_2$=hell leuchten* oder *$SHIR_3$=binden/festlegen* gemeint gewesen sein dürfte. Das ergibt entweder *Stelle der hell leuchtenden „Überfluss"-Schale* oder *Ort des Festlegens der „Überfluss"-Schale.* Wie an vielen anderen Stellen der Tempelberichte meint *Überfluss* die *Gaben*, die mit der großen Flug*schale BUR* vom *„Himmel"* mitgebracht werden.

Auf eine uralte Schreibweise weist andererseits Prof. Selz in einer Übersichtstabelle am Ende von [38] hin. In einem frühen Fara-Text stehe *$BUR.NU_{11}MUSHEN$ KI.* Die Zeichen *NU_{11} MUSHEN* bezeichneten u. a. auch einen *Adler.* Nun kann *BUR* aber nicht nur *Schale* meinen sondern als *BUR_3* auch *recipient = Aufnehmer* . Dann wären wir auf so etwas wie eine *Aufnahmestelle für den Adler* gestoßen, wobei in der Vorzeit mit *Adler* der Raumgleiter *u_4 = „Licht"* der *Dingir* gemeint gewesen sein könnte.

Von beiden Schreibweisen her stoßen wir so auf einen *Ort zum Festlegen der fliegenden „Überfluss"-Schale/des Raumgleiters.* Z 248 in TH 20 betr. Lagasch bestätigt ausdrücklich diese Sicht von der Sache her. In diesem Sinn könnte bei dem erwähnten *NU_{11}* auch ein Hörfehler vorliegen, denn *nu_2* meint ebenfalls *festlegen* gemäß dem MSZ, [18]. Doch bringt der MSZ dafür auch den Wert *„Licht"*. Dann hätte man schließlich so etwas wie *Ort der leuchtenden Überfluss-Schale,* was von der Sache her auch akzeptabel wäre.

Ich kann festhalten, dass viele ernstzunehmende Bedeutungen ursprünglicher Schreibungen eng mit den *Dingir* verbunden sind.

Wer will die Kohärenz bestreiten? Vielleicht DSM, [16] ? Dort wird nämlich für *NU_{11}* statt auf „Vogelart" oder „Raubvogel/Adler" konkret auf „Raben" abgestellt und dann fabuliert, in Lagasch habe wohl in der Frühzeit eine Volksgruppe mit einem Wappentier „Rabe" gesiedelt, das der Gegend den Namen gegeben habe ...?

Uruk

Ich fand nach einigem Suchen verschiedene moderne Schreibungen, die meist – auch schon wegen uralten Hörfehlern – so unpräzise waren, wie *unug ki* für die Stadt, die schon lange von den Archäologen Uruk genannt wird. Machen wir es im Ergebnis kurz: Kenner werden nicht bestreiten, dass eine der ältesten Schreibungen für die Bezeichnung des Ortes lautet:

U_2.NU.UG ^{ki}

Wozu führt uns das?

Diese Schreibung ist im *Dingir*-Kontext (wegen *U_2=Basis, NU = schnell drehend, UG=leuchtend/strahlend*) erlaubterweise zu begreifen als ***Stelle der Basis des sich schnell drehenden „Leuchtenden"***. Mit anderen Worten: „Uruk" = Heimathafen des *„Lichtes"*!

Es existiert ein zweiter Zeichenkomplex *kul-a-ba_4 ki,* der an manchen Textstellen grammatikalisch als Apposition daneben steht. Das lautet dann auf Deutsch: ***Der Schale dauerhaft zugeteilter Ort.***

Ich halte eine fast identische Aussage fest, nur mit anderen Worten!!!

Der Unterschied zwischen den als Apposition nebeneinander stehenden Bezeichnungen könnte darin bestehen, dass mit der ***Basis*** ein umfassenderes Gelände gemeint sein könnte als eine *konkrete Dauerstelle* für die *„Schale"*. Wie *Basis* genau zu definieren ist, wissen wir aber nicht … In Richtung dieser konkreten Aussage könnte die Tatsache weisen, dass das *a* in *kul-a-ba*$_4$ nicht nur *dauerhaft* angeben kann, sondern auch *Haus/Gebäude/Bau*. Dann wäre die konkrete Stelle *Ort des der Schale zugeteilten Gebäudes* genannt worden. Hinzu kommt, dass dieses *kul-a-ba*$_4$ gemäß mehreren Tontafelberichten aus *gebrannten Ziegeln* gebaut war, demnach gewissermaßen *feuerfest* gewesen sein soll.

Zabalam

In TH 26, Zeile 318, kommt dieser bisher in seiner Aussage nicht erfasste Ortsname vor, dessen Auflösung viel für das Verständnis des Berichtes hergibt. SB haben das außerordentliche Verdienst, im Kommentar dafür viele Keilschrift-Schreibweisen aufzuführen, kommen aber nicht zu Stuhl. Ich übertrage jeweils selbst:

- *za-ba-la ki = Ort des Zerkleinerns und Befeuchtens von Steinen*
- *ZA.MUSCH.AB = Ort mit dem Schrein für das Stein-Gerät*
- *AB.EN.NIN = Schrein der Chef-Herrin*
- *su-pa-li-tu = wo aus dem streuenden/sprühenden Speier Feuchtigkeit hervorkommt …*

Wahrlich eine Fundgrube, wenn man zusammenfasst: Zabalam war der Ort mit dem Schrein einer Chef-Herrin, wo in einem „*Gerät*"/einer „*Vorrichtung*" aus einem sprühenden Speier Feuchtigkeit auf „*Steine*" gesprinkelt wurde. Unterstrichen sei, dass das „*Licht*" der *Dingir,* das in mehrere Gebäude vorher aufgeführter Tempelberichte nicht einfahren konnte, hier als vom Tempel *geborgen* erwähnt wird:

Z 318: Zabalam, Schrein in Berggestalt mit einem rot glühenden

Kellerteil, Schrein mit dem Spalt-Gerät, wo das „Licht" geborgen ist.

Zimbir / Sippar

Die Behauptung, Zimbir werde mit 4 Zeichen geschrieben, die UD-KIB-NUN-KI zu lesen sind, trifft so nicht zu. Es gibt sicher keine derartige Schreibidentität, vielmehr werden an wenigen Stellen (Vasen/Schalen) Zeichen in sehr früher Bildschrift als UD.KIB.NUN ki „gelesen" und man nimmt als sicher an, dass es sich um Sippar/Zimbir handelt. Auf eine Übersetzung dieser angeblichen Ortsbezeichnung konnte man sich indessen bisher nicht einigen, weil die Bedeutung von KIB umstritten ist. Sicher aber lautet sie weder Sippar noch Zimbir, da NUN als *„Liege- und Hinfahrstruktur"* feststeht – wenn das auch nicht im veralteten ePSD zu finden ist, sondern gemäß meiner Ableitung in [13], S. 75 – 77, gilt.

Dr. Brose, das Mitglied einer Fakultät, das sich öffentlich stolz als „ausgebildeter Sumerologe" bezeichnet, meinte dann noch bezüglich der Benennungsalternative Zimbir, „kein Sumerologe würde je auf die Idee kommen, dies in ZI-IM-BIR zu zerlegen, weil es in den textlichen Hinterlassenschaften dafür keine Grundlage gibt" [40]. Falschaussage, da in einem der grundlegenden Werke über die „Tempelhymnen" der Priesterfürstin Encheduanna etwas Anderes steht. In [2] wird im Kommentar zu Zeile 492 der Hymnen auf eine konkrete Stelle in den „Cuneiform texts from Babylonian tablets in the British Museum", Teil XI, hingewiesen. An dieser Stelle wird UD.KIB.NUN ki zitiert und mit *[zi]-im-bir* gleichgesetzt. Wer die Notationsgewohnheiten von anfangs des 20. Jahrhunderts kennt, weiß, dass dies die Zeichen ZI-IM-BIR anspricht.

Dann aber darf man nach der Bedeutung dieser Zeichen fragen. Dazu müssen wir jetzt wieder den „ausgebildeten" Sumerologen zitieren, der uns wissen lässt, *BIR* bedeute „aufsteigen", aber weder *ZI* noch *IM* bedeuteten „Gas" oder „Habicht". Auch das ist eine kapitale Fehlinformation! In Zeile 479 der „Tempelhymnen" – siehe oben – besagt *IM* eindeutig *Gas* und in Zeile 537 erscheint wie oben auch erläutert – wohl zur Überraschung jedes klassischen Altorientalisten – gar ein

IM.GAR.MUSCH$_3$, ein *Gas-Erzeugungsgerät.* Was „bir" angeht, so werden bei Halloran, [10], neun (!) mit unterschiedlichen Zeichen geschriebene Homophone, gleich- oder ähnlichklingende Laute, aufgeführt, wozu aber „aufsteigen" nicht gehört. *BIR* ist indessen in den „Tempelhymnen" zweimal zu finden. Einmal taucht es als Teil eines Compositums mit unklarem Anfang auf: Zu Zeile 332 bringt Quelle Ur$_2$ ein *[SHI]BIR-ku*$_3$ und setzt es gleich *buru*$_x$*-ku*$_3$. Den Anfang findet man als *buru*$_6$ im ePSD mit „Raubvogel", demnach etwa „Bussard/Habicht". Andererseits lässt Zeile 422 erkennen, dass *BIR* eindeutig ein selbständiges Zeichen ist, weil es einen *BIR-an-na* gegeben hat, einen *Himmels-Habicht.* Damit ist das unklare Compositum als aus den zwei Zeichen *SHI* und *BIR* zusammengesetzt zu erkennen, als „Auflösungs-Habicht". Nimmt man das damit verbundene *ku*$_3$ hinzu und beachtet, dass „Auflösung" auf die Entstehung von *Auflösungs-Gas* = Karbid-Gas anspielt, kommt man zu einem *glanzmetallenen Auflöungsgas-Habicht*– einem *Dingir*-Fluggerät.

Doch darf ich noch etwas zu *ZI/zi* bemerken. In seinem „Lexique sumérien-francais" setzt Prof. Pascal Attinger *-zi-g* gleich „s'envoler", was *„wegfliegen"* besagt. Er vermerkt aber auch seltene Fälle, in denen nur einfach *-zi* steht. Ohne Belege zieht diese Bedeutung René Labat in seinem „Calendrier Babylonien ..." [7] auf S. 258 an. Er identifiziert es mit Akkadisch *„tabû"*, *„aufsteigen"*. Man vergleiche für eine konkrete Textstelle auch C. Wilke, „Das Lugalbandaepos", 96.

ZI-IM-BIR *ki* wäre damit tatsächlich ***Der Ort wo der Gas-Habicht aufsteigt.***

Oder haben wir uns etwa alle – wie soeben schon durchschien - von einem Hörfehler täuschen lassen? Sollte vielleicht dort, wo wir Klammern gefunden haben, auf den Tontafeln *SHI-IM-BIR* geschrieben worden sein? Was dann – nicht so weit weg – ***Stelle des Auflösungsgas-Habichts*** besagt hätte?

Beweisführung mit Artefakten

Ich hatte oben schon angedeutet: Es könnte von orthodoxer Seite argumentiert werden, die alten Textstellen seien so etwas wie äußerst geschickt erfundene vorgeschichtliche „Science Fiction“ und die erwähnten Zusammenhänge seien halt nur erstaunliche Zufälle. Erst wenn es zusätzlich gelinge, zwischen uralten Textstellen, in denen reale *Dingir* als handelnd dargestellt werden, und greifbaren, handfesten Ergebnissen der Archäologie eine klare Verbindung aufzuzeigen, wäre das **beweisende fehlende Zwischenglied**, das *missing link*, gefunden.

Auch diesen Zweiflern kann meiner Ansicht nach mehrfach geholfen werden ...

„missing link“ No. I: Die reale Existenz eines „*Himmelsleiter*“ genannten uralten Raumflughafens

Die altägyptischen Hinweise auf eine „*Himmelstreppe*“

Nach Hieroglyphentexten („Buch der Pforten“/“Buch der Atmungen“/“Buch was die Duat ist“), die ich in „Pyramiden, Flut, Wiedergeburt“, [4], auf den S. 153 – 155 anziehe, stand eine Art „*Himmelstreppe*“ oder „*Himmelsleiter*“, von Ägypten aus gesehen, im Osten jenseits vom Roten Meer und jenseits von Bergpässen und Bergketten irgendwo im Lande Seth’s, d. h. im Südwesten der arabischen Halbinsel.

Mit dieser Beschreibung ist indessen keine konkrete Ortsbestimmung möglich. Man muss sich auch klar machen, dass sich diese Hinweise in zeitlicher Hinsicht nicht auf die Pharaonenzeit beziehen. Sie versuchen lediglich für zu dieser Zeit Lebende zu beschreiben, wo *Re* mit seinem fliegenden „*Auge*“ gestartet ist und wie man sich den Weg zu dessen „*Aufstiegsstelle*“ vorstellen soll. Zumindest für die Zeit von

Re = *ASAR.LU$_2$.CHI* (Identität wird in [4] nachgewiesen) wird damit die Existenz einer Startstelle behauptet.

Abbildung 9: Der Ausschnitt aus einer Illustration des Papyrus Anhai zeigt im unteren Viertel allegorisch die Himmelstreppe auf dem Himmelsboot, das vom Feuer hochgetragen wird.

Als zweiter Text, in dem gemäß Übersetzungen der Ausdruck *„Himmelsleiter“* sogar zweimal zu finden ist, wird ein in assyrisch gehaltenes Keilschriftoriginal erwähnt, in dem die *Dingir*-Dame *Eresch.ki.gal,* ihr zeitweiliger Gatte *Nergal* und verschiedene „Hilfsgötter“ agieren. Ich halte den Leser nicht länger damit auf, weil eine direkte Einsichtnahme in den Text ergeben hat, dass leider keine Ortshinweise entnommen werden können.

Auch für diesen Hinweis aber gilt, dass der Bericht zumindest für die Zeit der *Dingir Eresch.ki.gal/Nergal* die Existenz einer Startstelle behauptet. Deren Zeit aber liegt ebenfalls weit vor der Pharaonenzeit.

Die *„Himmelsleiter“* des Alten Testaments am Jabal as Saysad

Etwas Ähnliches wie eine „Himmelsleiter“ mit mehreren Ortsangaben scheint auch im Original des Alten Testamentes auf. Es geht um die sog. Gottesoffenbarung in *Genesis 28, Verse 10 – 22*. Bekannter ist der Text als die „Geschichte von Jakobs Himmelsleiter“.

Doch damit sind wir schon mitten in den Übersetzungsproblemen. Niemand kann z. B. genau sagen, ob dort mit dem überhaupt nur von dieser Stelle her bekannten hebräischen Begriff *sullam (*Betonung auf der zweiten Silbe*),* wie immer wieder übersetzt wird, tatsächlich eine „Leiter mit Sprossen“ gemeint ist oder eine „aufsteigende Rampe“, ein „Treppenhaus“ oder eine „Stufenrampe“. Ich greife lieber auf die Verbwurzel *sll* zurück, die in anderen Teilen der Bibel mehrfach im Sinn von “*einen Weg bahnen*“ benutzt wird. Die im Bibeltext gefundene substantivische Konstruktion meint daher meiner Ansicht nach im Deutschen etwa *„gebahnter Weg“* oder *„Wegbahnung“*. Dann aber lautet *Genesis 28, Vers 12:*

„Und ihm „träumte“ und siehe, auf der Erde stand eine „Wegbahnung“, die mit ihrer „Spitze“ an den Himmel reichte, und die „Engel Gottes“ stiegen darauf auf und nieder“.

Die „*Wegbahnung*“ von der Jakob „*träumte*“, erlaubte gemäß dem Text somit eindeutig auf- und absteigenden Verkehr mit dem Himmel der Bibel. Zudem wird im Verszusammenhang der Ort selbst als „*Tor zum Himmel*“ beschrieben.

In der Bibel wird aber auch von Abraham, der ja nach ihrer Aussage vor Jakob gelebt haben soll, in *Genesis 12, Vers 8*, berichtet, schon dieser habe sein Zelt in der Nähe von einem (damit schon existierenden) *Beth-El* aufgeschlagen:

„Danach brach er von dort auf ins Gebirge östlich der Stelle Beth-El und schlug sein Zelt so auf, dass er Beth-El im Westen und ***ai*** *im Osten hatte, und baute dort El einen Altar und rief seinen Namen an“.*

Doch wo lagen Beth-El und „**ai**“, was meint das Letztere und wo machen sie im Zusammenhang einen Sinn?

Lokalisierungsversuche von Alttestamentlern schlagen fehl, wie in [4] lückenlos argumentiert. Die herrschende moderne israelische Lehrmeinung ist damit *ad absurdum* geführt.

Auch Professor Kamal Salibi kam in seinen zwei Büchern [31] und [32] zu verschiedenen Vorschlägen, von denen aber nur die Ansage betr. die Fußstelle/Bodenstation von „Jacob's Leiter“ in 32, S. 131 ff., interessant erschien: die unfruchtbaren Höhen eines **Jabal Batilah östlich von Taif im Südwesten der arabischen Halbinsel**. Angesichts einer gewissen Übereinstimmung mit den altägyptischen Hinweisen machte sich dann mein damaliger Ko-Autor Bernd Grathwohl auf eine virtuelle Reise, die in [4] im Einzelnen beschrieben wird.

Das nach einigen Irrungen und Wirrungen gemeinsam gefundene Ergebnis ist **ein nicht bestreitbarer Beweis für die Existenz einer Erd-„*Himmel*“-Verbindung und damit für die einstige Existenz dieses „*Himmels*“ und der aus ihm mit „*Geräten*“ real Herabgestiegenen.**

Letztlich fanden wir zunächst **drei verschiedene Jabal Batilah**, von den aber doch keiner infrage kam.

Zwischen Jabal Batīlah 1 und Jabal Batīlah 2 liegt indessen der **Jabal as Saysad.** Dort befindet sich eine andere Plattform, bei der auf der linken Längsseite Gebäudereste abgetrennt liegen (vgl. Abb. 8, gleich Abb. 98 bei [4]). Bei genauerem Hinsehen fand dann bei mir das Zeichen Beachtung, das am unteren Ende der Trennlinie aufscheint. In seiner Klarheit sah es aus, als sei es einige Zeit nach dem Zerfall der Gebäude bewusst angebracht worden. Es erinnerte an einen Keil. War es ein Keilschriftzeichen? Wenn ja, konnte es von der Form her **keineswegs vor 3.000 v. u. Z. angebracht** worden sein und wohl kaum nach Ur III oder **kaum nach Abraham.**

Ich suchte zunächst im Netz unter „List of cuneiform signs" und fand das Zeichen als Nr.1 auf 4 Listen. Als Umschrift wurde *ASH* angegeben. Dafür findet man in Wörterlisten *Furunkel, Brot, Mehlsorte, die Zahl 1, Wunsch, Fluch, Verwünschung.* Das war zu viel des Guten. Ich suchte deshalb – wie bei den Arbeiten an [1], [12] und [13] - Rat bei einer Quelle, die zu den 4 soeben erwähnten Listen gehört, deren Charakter jedoch unter modernen Forschern weithin unbekannt ist: Dem schon umfangreich angesprochenen „Syllabar" im „Sumerischen Lexikon" von Professor Deimel [5]. Dieses beinahe vergessene Lexikon hat den Vorteil, dass es unter Benutzung babylonisch / assyrisch / sumerischer Korrespondenztabellen Keilschriftzeichen aufführt, deren Umschrift als Bedeutung für das gesuchte sumerische Keilschriftzeichen auf zugrunde liegende andere Keilschriftzeichen hinweist. Für den fraglichen Keil, die Nr.1 der Zusammenstellung, werden 28 meist aus doppelten Wortzeichen bestehende „Zeichennamen" oder „Zeichenwerte" aufgelistet. Mit einer anderen Aussage, die dieses Fach-Sumerisch verständlicher machen soll: Professor Deimel liefert uns 28 Kombinationen von normalerweise je zwei anderen Keilschriftzeichen. Für jedes dieser anderen Keilschriftzeichen wird vorausgesetzt, dass die Bedeutungen bekannt sind. Jede einzelne Ersatz-Zeichenkombination wird in der Umschrift als „Zeichenwert" bezeichnet, besser wäre „Zeichenbedeutung" gewesen.

Da die Aussagen für die einzelnen Ersatz-Zeichen aber nicht immer eindeutig sind, ist die Kombination von zwei behaupteten Bedeutungen zu einem „Zeichenwert" manchmal noch unschärfer. Ein einzelner „Zeichenwert" kann daher an sich nur einen ungefähren Hinweis geben. **Die 28 Kombinationen aber haben denselben gedanklichen Kern.**

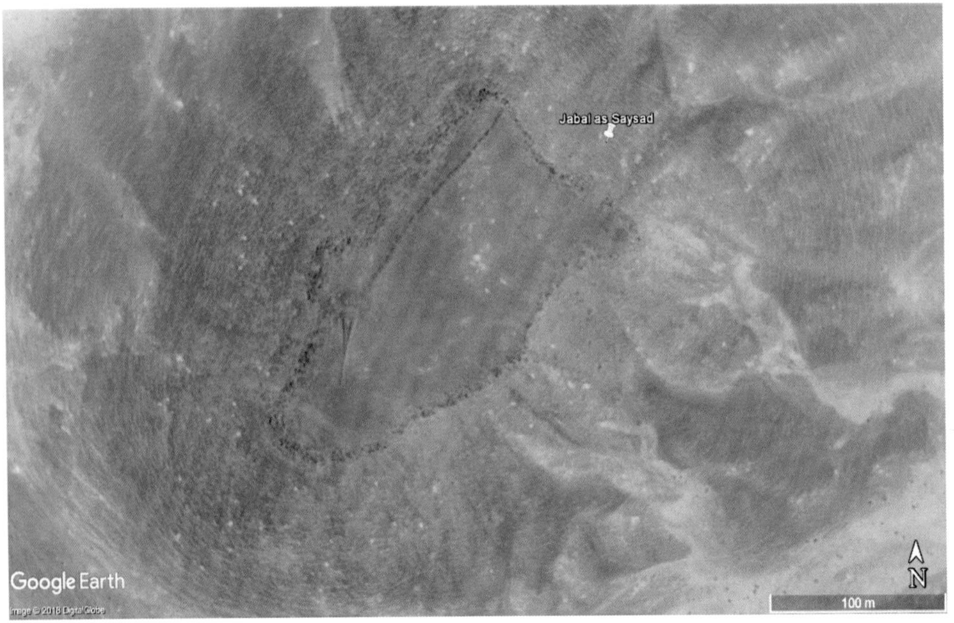

Abbildung 10: Plattform auf dem Jabal as Saysad = „Zerschlagene Basis der Entscheider" = Basis von „Jacob´s Himmelsleiter". (Quelle © Google Earth Pro, Immage copyright 2018 Digital Globe)

Versucht man, die 28 in Umschrift gelieferten meist gedoppelten Ersatz-Zeichennamen/-werte ins Deutsche zu übertragen, dann ergeben sich zwar hier und da anfangs wegen Bedeutungsunschärfen unsinnige Kombinationen, doch erkennt man *mit zunehmender Zahl* von Übersetzungsversuchen, dass sie alle in eine Richtung gehen, den gedanklichen Kern. Einige von mir in [4] gefundene Beispiele:

- A-ASH *Verfluchte/Verwünschte Einrichtung/Seite*
- ASH-SHA *Verfluchter Hort/ Verwünschtes Inneres*
- DI-EL *Das für das Wegfahren der Entscheider*
- GI-E *Antwort-Gebäude/ Umkehr-Gebäude*
- ISH-TIN *Annäherungsberg*
- RU-U *Zerschlagene Basis*
- U-BU-RU *Basis für das „Licht“*
- U-TA-AK *Für das Große Gerät errichtete Stelle*
- DI-ISH *Berg der Entscheider/Urteilsgeber*
- DI-ESH *Schrein/Haus der Entscheider*
- SA-LU-GU-UB, dessen Übersetzung eine harte Nuss war:

  (GU = geröstet/geschmolzen; UB = Nische/Ecke;

  SA = heruntergehen/landen; LU = diejenigen wo/Leute)

Daher: *Geschmolzene/Verbrannte Ecke/Stelle der* ***Landungsleute***

Das klang wie eine Fanfare!!!

Wir hatten das weiter oben bei Abraham erwähnte hebräische „ai“ gefunden, den „Trümmerhaufen“ von „Jacob’s Himmelsleiter“, identisch mit dem sumerischen RU-U = der „Zerschlagenen Basis“. Und dieser ASH-SHA = „Verfluchte Hort“ war einst eine U-TA-AK = „Für das Große Gerät errichtete Stelle“, eine U-BU-RU = „Basis für das ‘Licht`“, ein DI-ESH = ein „Haus der Entscheider“, demnach der DI, der DI.IN.GIR, der „Entscheider mit Flugapparaten“, besser bekannt als *Dingir*.

Hier war die Gegend von Beth-El, dem „Haus des Höchsten“!!!

Oder sollten wir gar *EL* sumerisch verstehen und vom „Haus des Wegfahrens“ reden???

Von hier aus konnte Jakob seinen in der Bibel vorgezeichneten Weg fortsetzen. Nicht nach Charan/ Khirin. Doch Leute von dort traf er – wie in der Bibel beschrieben - unterwegs, als sie ihr Vieh weideten. Er zog – wie verlangt und ebenfalls in der Bibel beschrieben – nach Paddan zu Laban.

Dieses Paddan *(pdn)* identifiziert Salibi mit Dafinah (*dpn*) – zwischen Hebräisch und Arabisch nicht ungewöhnlicher Drehfehler – 230 km nordöstlich von Taif.

Noch Fragen, lieber Leser?

„missing link“ No. II: Drei von Encheduanna bezeugte Artefakte

Als Beweis für die einstige Realität der *Dingir* können auch Aussagen der Encheduanna dienen, wenn diese als Zeugin an der historischen Realität von künstlich geschaffenen Dingen keinen Zweifel erlaubt und diese Artefakte den *Dingir* zuzuordnen sind. Zumindest drei dürften nicht bestreitbar sein: ein künstlicher Hügel in Uruk, das sog. „Giparu“ der Enchduanna in Ur und eine von ihr als existent beschriebene technische Vorrichtung, die auch heute für uns moderne Menschen noch Zukunftsmusik ist.

Der Groß-Tempel des *AN* in Uruk

Zu den Tontafeln mit Keilschriftzeichen, die in den letzten 170 Jahren gefunden worden sind, gehören auch nicht ganz viertausend Jahre alte Niederschriften eines Textes mit dem Titel „Bilgamesch und Akka“. Das in sumerischer Sprache gehaltene Gedicht enthält Stilelemente, die klar darauf hinweisen, dass der Text Hunderte von Jahren vor seiner Niederschrift verfasst worden war. Das geschilderte kriegerische Ereignis handelt nicht von irgendeiner Sage oder Legende, sondern kann wegen der handelnden Personen und beschriebenen Umstände in Übereinstimmung mit anderen Quellen aus der Zeit als der erste historische Schlachtenbericht der Menschheit eingestuft werden.

Die wichtigsten handelnden Personen sind zwei Könige von Kisch namens Enmebaragesi und Sohn Akka und ein König von Uruk, auch geläufig als das biblische Erech und identisch mit dem heutigen Warka bei Bagdad. Der König von Uruk ist bekannter unter seiner Hauptnamensvariante Gilgamesch. Enmebaragesi ist der früheste sumerische König, für den eine Inschrift aus seiner eigenen Herrscherzeit gefunden worden ist. Er dürfte etwa um oder nach 2700 v. u. Z. gelebt haben.

Wegen Übersetzungsproblemen blieb der **historische Bericht** lange unverständlich, bis Römer [33] einen Versuch machte. Ausser der von Römer benutzten sumerischen Fassung sind aber mindestens fünf andere Fassungen bekannt [34], die zum Teil anders gedeutet werden müssen. Ich erläutere meine Übersetzung in [1], S. 142 – 146. Fasse ich alle Bemerkungen mit den vier Alternativen für die vierte Zeile zusammen, so erhalte ich:

Für Uruk, die Waffenschmiede der Dingir,

für den Tempel des AN, wohin aus dem Himmel herabgestiegen wird,

haben die (dingir gal gal =) „Großmeister" der Dingir die Pläne geschaffen.

Das große Gemäuer,

- *wo der „Umwölkte" sich auf der Erde breit macht...*
- *die Basis des AN, wo von der Erde gestartet wird...*
- *wo die „Herrlichkeit des AN" von der Erde startet...*
- *einen auf der Erde befindlichen Flugapparat-Lagerplatz ...*

den aufragenden Wohnsitz des AN, von diesem selbst gegründet,

hast Du betreut. Du bist ein heldenhafter König!

Halten wir doch die Aussagen dieser Textstelle aus einem ansonsten sachlichen Schlachtenbericht noch klarer fest:

Erstens wird Uruk als eine Art Waffenschmiede oder Zeughaus beschrieben, wo nach der Wortetymologie irgendwelche Beziehungen zwischen Hitze/Feuer und wehrhaften Geräten bestanden.

Zweitens war dieses Uruk ein Platz, an dem mit einem nicht näher bestimmten *Himmel* aufsteigender und absteigender Verkehr abgewickelt worden ist. Es gibt nämlich an dieser Stelle keine Aussage, ob diese Flugbestimmung im Luftraum über der Erde zu finden war oder auf einem anderen Planeten oder im Weltraum. Deshalb fallen hier in meiner Übersetzung die Anführungszeichen noch weg. Siehe jedoch TH 15 zu „*Himmel*" ...

Drittens bezeichnen bad_3 und *mu* und *ne* in gleicher Weise Fluggeräte.

Viertens startete offensichtlich die „*Herrlichkeit des AN*" inmitten einer Wolke. Doch bedeutet der Wortklang *muru* nur vordergründig *Wolke*, meint aber als $muru_9$ konkret den „Umwölkten", einen in einer Rauchwolke befindlichen *rotglühenden Flugapparat.*

Fünftens waren die Handelnden nicht die Menschen Mesopotamiens, sondern herausgehobene *Dingir*-Wesen, die zu Flugkörpern gehörten.

Sechstens ist die Baugestaltung des Start- und Landekomplexes nach Plänen erfolgt, die von den Befehlshabern der *Dingir* erarbeitet worden waren.

Siebtens hatte der oberste *Dingir,* der *AN*, an dieser „Basis" einen Wohnsitz, der ***erhaben* war und *hervorragte.***

Achtens war König Gilgamesch auch nach anderen Quellen zeitweilig Verwalter des Gebäudekomplexes – ob zu Zeiten der *Dingir* oder später, kann man dem Text leider nicht sicher entnehmen.

Da man Gilgamesch nach der sog. Mittleren Chronologie in etwa in das siebenundzwanzigste Jahrhundert v.u.Z datieren kann, haben wir indessen sicher zumindest einen Zeitpunkt *„ante quem"*, d. h. vor dem die erwähnten Fakten nach dieser geschichtlich bestätigten und in sich kohärenten Quelle bestanden haben: 2600/2700 v. u. Z.!

Bei der Überarbeitung meiner Übersetzung der TH 16 in [13], S. 226 – 231, – man lernt immer wieder dazu – zeige ich ganz deutlich den Unterschied auf zwischen dem soeben angesprochenen ursprünglichen *e.an-na = Tempel des AN* und dem ebenfalls normalerweise als *Eanna* bezeichneten und inzwischen in Uruk gefundenen Tempel der – wie so blumig geschrieben wird – „Liebes- und Kriegsgöttin Inanna".

Dass der erstgenannte *„Tempel des AN"* als Beweis für die reale Existenz der *Dingir* ohne jeden Zweifel einst bestanden hat, geht aus einer Gegenüberstellung der Zeilen 198 und 199 der TH 16, verfasst von der Zeugin Encheduanna, hervor:

Der in Z 198 beschriebene *„wichtige Schrein"*, der wie oben abgeleitet ***„hervorragte / hochragte"***, wird nämlich von Encheduanna als Zeugin in Z 199 beschrieben als

... dann aber Früchte gut erzeugend, Erstaunen hervorrufend,

mit reichem Ertrag ***sich erhebend.***

Encheduanna schafft eine Spannung, indem sie aus *hochragenden* verehrungswürdigen *Dingir*-Bauten eine profane, von Menschen zum Gartenfruchtanbau genutzte *Erhebung* werden lässt. Da sie diese profane Gartenanlage mit dem bisher verkannten Wortzeichen *GIBIL = neu sein/nun aber/ dann aber* anbindet, verweist sie die in Z 198 beschriebenen Gebäude in die Vergangenheit. Dies bedeutet aber andererseits nicht unbedingt, dass sie den Gartenzustand als zu ihrer eigenen Zeit weiter bestehend beschreiben will. Deshalb ziehe ich für *GIBIL* hier *dann aber* vor, um *nun aber* zu vermeiden und um damit den vielleicht unbegründeten Anschein einer sicheren Fortdauer bis ca. 2.300 v. u. Z. auszuräumen.

Der sumerische Text ist insofern verwirrend, als bei einer der möglichen Deutungen *abbrennen* eine Rolle gespielt haben könnte. Doch können *Früchte* nicht durch Abbrennen *erzeugt* werden ... wohl aber können die Baulichkeiten eines Tempels durch *abbrennen* bewusst der Weihe entzogen worden sein.

Abbildung 11: Uruk, Reste der Anu-Zikkurat, nicht zu verwechseln mit dem hier besprochenen „Tempel des AN". (Quelle tobeytravels, CC BY-SA 2.0, via Wikimedia Commons)

Direkte persönliche Kontakte mit den Ausgräbern von Uruk brachten keine befriedigenden Antworten und erst recht keinen Widerspruch, weil sie zugeben mussten, leider nur „verhältnismäßig kleine Ausschnitte der frühen Stadt" zu kennen ...

Das „Giparu“ der Hohepriesterin in Ur

Encheduanna, eine kultisch Eingeweihte und Sternweise, hat mit ihrem doppelten Hochpriesteramt in den beiden wichtigsten Staatstempeln und mit ihrem königlichen Namensrecht die Verantwortung für die „Tempelhymnen“ übernommen. Wie real und spürbar für sie selbst das Wirken einer normalerweise *Dingir In.an.na* Genannten war, hat sie - teilweise unter Wehklagen und Stöhnen – in ihrem Großepos *nin-me-shar*$_2$*-ra* [35] der Nachwelt beschrieben.

Dort sind die Z 66/67 von Interesse. Das ETSCL, [14], Ziffer 4.07.2, bringt folgende Umschrift und Übersetzung, wobei ich aus dem Englischen übertrage. Die beiden im Anlaut gemeldeten *g* sind dabei als Nasale anzusehen:

Z 66: *gi*$_6$*-par*$_3$ *kug-ga*$_2$ *chu-mu-shi-in-kur*$_9$*-re-en*

Z 67: en-me-en en-che$_2$*-du*$_7$*-an-na-me-en*

Ich, Encheduanna, die En-Priesterin, betrat mein heiliges Gipar in

Deinem Dienst. Ich trug den Ritual-Korb und stimmte das

Lied der Freude an.

Vorweg sei bemerkt, dass die im ETCSL vorgefundenen Verbindungen zwischen den aufgeführten Zeichen eine Auffassung des dortigen Bearbeiters darstellen und daher mit einer sinnvollen Gliederung nicht übereinstimmen müssen.

Diese Übersetzung kann nicht zutreffen.

Insbesondere wird *chu* nicht beachtet, das normalerweise *Vogel* bedeutet, aber auch als hochzustellendes Determinativum eine *Vogelart* oder allgemeiner *etwas Fliegendes* ansagen kann. Ein *Ritual*-Korb ist nicht zu finden und wo das *Lied der Freude* stehen soll, ist nicht zu erkennen. Die vorgenommene Gliederung der Zeichengegenwerte macht keinen Sinn. Der in der Einleitung angesprochene Gegenstand/Bau wird einfach, eine Standardlösung nachplappernd, als *Gipar* genommen in Anlehnung an den dafür unbestrittenen akkadischen Ausdruck *giparu*. Dieser wird nicht als Lehnwort entsprechend dem Sumerischen *gi_4-pa_3-ru* erkannt, Lehnwort welches das vorzufindende, doch nicht übersetzte *gi_6-par_3* ersetzen soll.

gi_4-pa_3-ru ist zwar normalerweise als aus den drei Verben *antworten/finden/senden* zusammengesetzt anzusehen, kann aber auch nominal verstanden werden, als *Antwort-Finder und -Sender.*

kug würde dann als dazugehöriges Adjektiv nicht *heilig* bedeuten sondern *schicksalbestimmend* oder *glanzmetallen*. Der Anfang von Z 56 würde dann lauten:

> *Der schicksalbestimmende/glanzmetallene Antwort-Finder und -Sender*

Das nasale *ga_2* wäre nicht, wie behauptet, angebunden und könnte – wie in den Z 287, 299, 425 und 438 der „Tempelhymnen" – *bereitstehen für/sorgen für* meinen. Der auf sumerisch nachfolgende *chu* = *Vogel* könnte sich anschließen mit der Aussage *als Vogel/wie ein Vogel.*

> Hätte man dann ... *sorgen/bereitstehen wie ein Vogel für* ...?

Das nasale *ga_2* kann aber auch ein nasales *gar* ersetzen, was dann *hinausgehen lassen* bringen würde. Hätte man dann

> ... *lässt wie ein Vogel (etwas) hinausgehen?*

In der nachfolgenden angeblichen langen Zeichenschlange könnten 5 Verben stecken, was natürlich unsinnig wäre. Das *mu* kann aber auch einen *Zweck ankündigen,* demnach *weil/um zu* besagen.

Aus dem Gesamtzusammenhang des Textes weiß man, dass auf Encheduanna ein *Fluch* lastet, eine *Verwünschung*. Das könnte mit dem letzten Zeichen der Zeile, mit *en* angesprochen sein. Das vorstehende *re* muss nicht *re* meinen, kann auch in lautlicher Anpassung an das nachfolgende *en* stattdessen ein *ri* = *setzen/stellen/legen* bringen. Habe ich dann

... die gesetzte/gelegte/erfolgte Verwünschung?

Das *kur*$_9$ wird zwar oft als *eintreten* vorgestellt, bedeutet aber auch *wegtun/wegschaffen/beseitigen.*

Was kann dann in *shi-in* stecken? Kurz gesagt: Wegen Lautanpassung haben wir höchstwahrscheinlich *she-in*, wobei das *in* eine Nominalisierung des Verbums *she = jemanden anrufen* bewirkt hin zu *Anruf/Anrufen.*

Für mich lautet dann die

Zeile 66: Der glanzmetallene Antwort-Finder und -Sender lässt eine Anrufung wie einen Vogel hinausgehen, die erfolgte Verwünschung möge beseitigt werden.

Die nachfolgende Zeile macht nicht weniger Probleme, weil offensichtlich mit *EN–me-en Encheduanna me-en* ein gedrängtes Wortspiel vorliegt, das mit *EN = Hohepriesterin* eingeleitet wird. Man kann diese Konstruktion auf zwei Arten angehen.

A) Ich verstehe einmal für *En-ME-en: Die Hochpriesterin, die (*ganz allgemein/als ihr Amt*) die ME ansagen/den Kult ausüben kann ...*

Es folgt ihr Weihename Encheduanna. Ich wiederhole diesbezüglich: Das in ihm enthaltene *che*$_2$*-du*$_7$ darf nicht, wie von Frau Professor Zgoll behauptet, als *che*$_2$*du*$_7$ *= Zierde/Schmuck* genommen werden. Der von ihr subjektiv zusammengezogene Ausdruck erscheint erst etwa 300 – 400 Jahre nach der Tochter Sargon's des Großen! Vielmehr habe ich für das richtig Geschriebene den Wert *perfekte Gaben* und daher als Weihename *Die dem Herrn der perfekten himmlischen Gaben Geweihte* abgeleitet.

Am Ende der Zeile werden zwei Zeichen wiederholt, die ich mit ... *ME ansagen kann/Kult ausüben kann ...* für den Anfang der Zeile übersetzt habe. Ihnen kommt nun eine andere Bedeutung zu. Wie in Zeile 66 gezeigt, meint *en* auch *Fluch/ Verwünschung*. Ich schreibe das andere

Zeichen nun mit kleinen Buchstaben als *me,* um auf den Wert *sprechen/ansprechen* hinzuweisen.

Dann lautet für mich diese Zeile in einem ersten Versuch:

Z 67: Die Hohepriesterin, die die ME ansagen kann, Encheduanna,

spricht die Verwünschung an (in Form der unmittelbar

vorher in Z 66 als möglich erläuterten „Anrufung").

B) Andererseits gibt es aber Textstellen, in denen *me-en* mit *ich bin* zu übertragen ist. Dann fängt die Zeile selbstbewusst an mit: *Ich bin Encheduanna die Hochpriesterin..* Wenn es dann weiter selbstbewusst klingen soll, kann man *me /ME* als .,. *bis wann* verstehen in Bezug auf *en = Verwünschung.*

Selbstbewusster würde die Zeile dann zweitens zu verstehen sein als

Ich bin die dem Herrn der perfekten himmlischen Gaben

geweihte Hohepriesterin: Wie lange noch die Verwünschung?

Ich ziehe keine dieser Interpretationen vor, sondern denke, die sprachgewandte Dame hat bewusst der Nachwelt ein Deutungsrätsel hinterlassen. Wie dem auch sei:

Mit diesen beiden Zeilen ihres Gedichtes lässt uns um 2.300 v. u. Z. die Zeugin wissen, dass sie ein in ihrem Besitz befindliches glanzmetallenes Gegensprechgerät zur Verbindungsaufnahme zu den *Dingir* für funktionsfähig hält und nutzt. Wollen orthodoxe Altorientalisten dessen damalige reale Existenz dann immer noch bestreiten? Encheduanna für hirnrissig erklären???

Auch steht aus **historischen** Quellen fest, dass ihr an die Adresse einer nicht näher erläuterten *Dingir-Obrigkeit* in der *„Anrufung"* geäußerter *me = Wunsch* erfüllt worden ist, wieder in den Tempel in Ur zurückkehren zu können, aus dem sie per *en=Verfluchung* vertrieben worden war.

Die Reste eines inzwischen in Ur ausgegrabenen Gebäudes, im modernen Sprachgebrauch „Giparu" genannt, sind indessen nur ein Nachfolgetempel an der Stelle, an der sich einst Encheduanna's kleinerer *gi$_4$-par$_3$-ru* befunden haben dürfte.

Wem das noch nicht genügt, um zu begreifen, dass Encheduanna für diese *Dingir*, wie sie selbst schreibt – *„ergeben dienend"* in einen Staatskult integriert war, dessen Realität um 2.300 v. u. Z. von ihr und der Umwelt *erlebt und erlitten* wurde, dem ist nicht zu helfen.

Eine verschließbare Landebucht an einer Orbitalstation

Auch hat die Menschheit in den letzten anderthalb Jahrhunderten staunend der Erfindung von Dingen beigewohnt, die von der doppelten Hohen Priesterin um 2.300 v. u. Z. mit den ungelenken Mitteln der sumerischen Sprache für eine ferne Vorzeit – teils mit erstaunlichen Einzelheiten - **als Tatsachen** umschrieben werden : *Druckluftwaffen, Blitzkanonen, ein Unterwasser-Fahrzeug, eine Ölraffinerie, Elektrizität, Sendetürme, unterschiedliche Typen von Flugapparaten, Wasserlandeplätze, Startrampen, Azetylenproduktion, Shuttle-Technik für Raumflüge, ein Kühlhaus* .... und so weiter ...

Doch damit nicht genug. Zur Raumstation *„Himmel"* – das ist eine Übersetzung für das von der Königstochter beschriebene *Oben-Gerät* aus *Glanzmetall*, **die nicht von mir sondern von Altorientalisten gefunden worden** ist - führte in der Vorzeit gemäß ihren Texten eine *Pfad* genannte vorbestimmte Route. Das von der Erde startende Fluggerät *„Licht"* legt dort aber nicht einfach an. TH 15, Z 191: *Etwas wie eine sich schließende Falle* umhüllt es, wird wörtlich so beschrieben, - eine Landebucht. Das haben sich unsere modernen Ingenieure inzwischen zwar auch ausgedacht, aber noch nicht verwirklicht. Und dann setzt die Berichterstatterin an anderer Stelle noch einen drauf, indem sie unterstreicht, das Fluggerät gelange von dort *in das Innere* der Raumstation, um dort zu *ruhen und gewartet* zu werden. Ganz schöne Ausmaße muss dieses *glanzmetallene Oben-Gerät* gehabt haben.

Schließlich gibt es einen Keilschrifttext lange nach Encheduanna, der in seiner technologischen Aussage ebenfalls nicht erfunden sein kann. Ich habe in [12] auf S. 142/143 die Z 8 eines Liedes zu *Dingir*-Lady Nanaya für König Ishbi-Erra übersetzt. Dort heißt es, wobei mit „*Himmelsobjekt des AN*" die Orbitalstation angesprochen wird:

Das Himmelsobjekt des AN richtet der Lady einen

Sprechkessel (= Nachrichtenübermittler) *ein. Sie*

erhält glanzmetallene Weisungen betr. die Elek-

tronik für die Technik des Andockens und betr. das

am Tor (des „Himmels") *Befestigsein.*

Mit anderen Worten: Auf einer Keilschrifttafel wird berichtet, das Ankoppeln an eine Raumstation sei irgendwann in der Vorzeit **elektronisch gesteuert** worden.

Wer sich das wohl vor Tausenden von Jahren aus seinen technologisch ungebildeten Hirnwindungen gezogen haben soll ???

„missing link" No. III: König Ziusudra und der Göbekli Tepe

Niemand kann die Existenz der Bauten am Göbekli Tepe bestreiten, dem sogenannten Nabel-Berg in Anatolien.

Noch einmal: Wenn es gelingt, eine gedankliche und sachliche Verbindung zwischen diesen unbestreitbaren Ausgrabungen und uralten Textstellen aufzuzeigen, bei denen *Dingir* gemäß den Texten als Akteure eine eindeutige Rolle gespielt haben, dann muss es diese handelnden Persönlichkeiten gegeben haben.

Wegen der Irrungen und Wirrungen der orthodoxen Sumerologie war diese Verbindung lange nicht denkbar.

Ausgangspunkt für eine geänderte Situation war die Suche nach den Keilschriftzeichen, die Dilmun/Tilmun ursprünglich bezeichnet haben sollen, die heutige Insel in der arabischen See bzw. das vorhergehende etwas größere uralte Königreich. Im „Reallexikon der Assyriologie“ [22] findet man dazu einen Artikel „Tilmun, philologisch“ von G. Marchesi. Darin wird mit Bezugnahme auf zwei andere Autoren aus den achtziger Jahren des zwanzigsten Jahrhunderts die Zeichenfolge *NI TUKKU* oder *SAL TUKKU* erwähnt, aber auch auf seltenere Schreibweisen *NI CHUB*$_2$ oder *SAL CHUB*$_2$ verwiesen.

Vielleicht hätte der Verfasser, wenn er schon originale Keilschrifttafeln nicht gelesen hat, zumindest etwas weiter zurück in der Literatur forschen sollen. Dann wären ihm die interessanten Nachweise aufgefallen, die der höchst angesehene Sumerologe Professor Kramer dazu schon 40 Jahre früher gesammelt hatte. Gemäß einer kleingedruckten Fußnote [23] waren im Laufe der Zeit nacheinander drei Original-Schreibungen für das angebliche Dilmun festzuhalten:

SAL UR$_4$

NI TUK

SAL TUK

Die mussten zusammen mit *NI CHUB*$_2$ oder *SAL CHUB*$_2$ in den restlichen uralten Text der sumerischen Fassung der „Flutgeschichte“ [24] passen, wo die „Götter“ = *Dingir* den sumerischen Vorflut-König Ziusudra gemäß herrschender Lehrmeinung nach Tilmun/Dilmun senden. Denn in den Zeilen 9-11 des Abschnitts E sollte es ja, übersetzt aus dem Englischen, gemäß Jacobsen, Th., angeblich heißen:

In jener Zeit siedelten sie Ziusudra , den König,

wegen seiner Rettung der Tiere

und des Menschensamens in einem überseeischen

Gebiet an, dem Land DILMUN ...

Wenn man dann die Originalumschrift betrachtet und statt des offensichtlich geflunkerten *Dilmun* eine der originalen Schreibweisen einsetzt, die dort alternativ gemäß Professor Kramer gestanden haben, dann findet man alternativ, jeweils ergänzt um ein – ansonsten etwas nach hinten geschobenes und vergessenes – Zeichen *NA,*

E 11: KUR BAL

- *KUR SAL* UR_2 *NA*

- *KUR NI TUK NA*

- *KUR SAL TUK NA*

- *KUR SAL* $CHUB_2$ *NA* (selten, gemäß Marchesi)

Dabei ist *SAL* offensichtlich ein Schreibfehler in lateinischer Schrift, denn das Keilschriftzeichen ist identisch mit LAK 517, das als archaistische Form aus der Farazeit bei Professor Deimel [5] unter Zeichen Nr. 554 mit Zeichenwerten erläutert wird, welche die Babylonier dankenswerterweise später festgehalten haben. Der für dieses Zeichen, das auch *Frau/weibliches Genital* besagen kann, für Zeile E 11 aber offensichtlich, nach Deimel zu urteilen, zutreffende Zeichenwert ist *SHA-AL.*

In der ersten Original-Schreibung macht *KUR* keine Schwierigkeiten: *Berg/Berge/Gebirge/Gegend/Land* usw. Vermerkt sei auch, dass kur_9 *ni* eine *Lieferstelle/Herkunftsstelle* angibt.

SHA-AL kann gemäß dem ePSD [11] als Ganzes im Sinne von mi_2 gewertet werden und bestimmt dann das nachfolgende Verb als Substantiv. Es folgt UR_4, das unter anderem für *sammeln/ernten* steht.

NA hatte ich in anderem Zusammenhang oben u. a. als *etwas Rauchendes,* konkret als *Karbidgas/Azetylen/Auflösungsgas* erkannt. Damit nahe beim Original aber etwas holprig, das *KUR BAL noch nicht beachtend:*

KUR SHA-AL UR_4 *NA = in der Gegend zum Ansammeln*

von Rauchendem/Auflösungsgas

Ein an *KUR* angehängtes *NI* macht daraus gemäß Halloran [10] eine *Gegend, die etwas liefert/liefern kann.* Ich selbst habe bei den Zeilen 429 und 499 der „Tempelhymnen" der Priesterfürstin Encheduanna [13] festgestellt, dass *NI/ni*, einem Verbum vorgestellt, stattdessen darauf hinweist, *wo* etwas geschehen kann. *TUK* steht u. a. für *erwerben/bekommen/erhalten/herstellen.* Damit zweitens, nicht weit weg von vorstehender Bedeutung:

KUR NI TUK NA = in der Gegend wo Rauchendes/Karbidgas

hergestellt wird / werden kann

Doch können die drei kleinen Keilschriftdreiecke, mit denen das Zeichen *KUR* geschrieben wird, als Hörfehler letztlich auch *CHUR* bedeuten. Das aber meint seinerseits, wie z. B. bei Zeile 92 der „Tempelhymnen" in [1] gefunden, *entschlacken/brennen/rösten/schmelzen* oder zugehörige Hauptwörter wie auch *Brennofen/Röstofen/Schmelzofen.* Damit erhält man drittens, wenn man nun, der Vollständigkeit halber, an *KUR BAL = Gebiet der Steinbrüche* anschließt:

*KUR BAL CHUR NI TUK NA = im Gebiet der Steinbrüche (*und*)*

der Brennöfen, wo Rauchendes/Karbidgas

hergestellt wird/werden kann

Die vierte Aussage ergibt sich nach einigem Umdenken, wenn man beachtet, dass *SHA* auch als *shag* gelesen werden kann, womit man *Herz/Kern/Inneres* aber auch *trocknen/austrocknen/rösten* benutzen darf. Wenn man, wie auch erlaubt, das *AL* als Substantivindikation nimmt für das vorausgehende *rösten,* dann dürfen wir einen *Röster* sehen oder *Röstöfen.* Ich führe *KUR BAL* wieder ein und erhalte

KUR BAL CHUR SHA-AL TUK NA = im Gebiet der Steinbrüche (und)

der Röstöfen, die Karbidgas/Azetylen herstellen

Sogar die fünfte Aussage weicht nicht davon ab. Ersetzt man das *SHA-AL TUK* der vierten Aussage durch das angeblich seltenere *SHA-*

AL CHUB$_2$*,* sieht es zwar zunächst wegen der normal angeführten Bedeutungen von *CHUB*$_2$ überhaupt nicht so aus, doch habe ich bei der Übersetzung der Z 172 der „Tempelhymnen“ festgestellt, dass es sich dabei alternativ auch um ein Äquivalent des akkadischen *kubbu* handeln kann. Dann bringt es *unterhalten, pflegen, umsorgen, sorgen für.* So würde es am Ende ohne großen Unterschied heißen

... die für Rauchendes/Karbidgas sorgen

statt ... *die Rauchendes/Karbidgas herstellen*

Wenn man die „Tempelhymnen“ der Priesterfürstin Encheduanna kennt, weiß man sofort, was gemeint ist:

Das gefundene *Gebiet* ist eine Gegend, wo wegen der angesprochenen *Kalksteinbrüche Karbid = naga/NA.GA hergestellt* werden kann, d. h. *Rauch-Erzeugendes,* das (siehe oben) mit Wasser zu *NA = Azetylen,* dem Raucherzeugenden *Treibgas für Fluggeräte,* umgewandelt wird.

Damit kann man die Umschrift der Zeilen 9 – 11 des Abschnittes E der „Flood Story“ neu schreiben. Für das Ende der Zeile E 10 werden dabei drei in verschiedenen Versionen vorgefundene widersinnige Keilschriftzeichen unter Beachtung der wahrscheinlichen Hörfehler berichtigt. Für die kritische andere Stelle wird bewusst auf Wortzeichen bzw. Zeichennamen zurückgegriffen:

E 9: ud-ba zi-ud-su$_3$*-ra*$_2$ *lugal-am*$_3$

E 10: mu nig$_2$*-gilim ma numun nam-lu*$_2$ *u*$_2$*-lu*$_3$ *uru*$_3$ *ak*

E 11: KUR BAL KUR SHA-AL TUK NA ki ^{d}*utu e*$_3$*-she*$_3$

mu-un til$_3$ *esh*

Die Übersetzung der fraglichen Zeilen lässt sich wie folgt etwas eleganter zusammenfassen, wenn man zudem dem *Dingir U.TU* das zuschreibt, was da tatsächlich am Ende auf Sumerisch steht und auf Englisch unterschlagen worden ist, weil es nicht in eine vorgefasste Meinung betreffend Telmun/Dilmun passte:

E 9: In dem Zeitabschnitt wurde Ziusudra als Chef/König

*E10: der Tiere und der Keimzelle der Menschheit in einem (*später*)*

total zugedeckten hoch liegenden Lager angesiedelt,

E11: in den Bergen mit (Kalk-)*Steinbrüchen, dem Land der*

Röstöfen für die Azetylen-Erzeugung (für Fluggeräte*),*

der Stelle, wo der Dingir U.TU wegfliegt oder andockt und

wo der „Oben Dröhnende", der „Pfeil", abkühlt.

In dem betrachteten uralten sumerischen Bericht über Ereignisse, die man inzwischen auf einen Zeitabschnitt nach 12.800 vor „heute" datieren kann, stand demnach nichts von *dilmun* oder gar *DIL.MUN*.

Wenn man beachtet, dass Ziusudra *„in einem total zugedeckten hochliegenden Lager angesiedelt"* worden ist, wird die Ortsbestimmung zusammen mit den anderen Qualifikationen eindeutig: es handelte sich um den Göbekli Tepe, – vielleicht zusammen mit den anderen, mindestens fünf, umliegenden *„zugedeckten hoch liegenden Lagern"*.

Ungläubige Wissenschaftler können die größeren Zusammenhänge und die Ableitung der Übersetzungen in [25] nachlesen.

Abb. 12: Göbekli Tepe, Flugaufnahme des Hauptausgrabungsgebietes. (Copyright DAI, Göbekli Tepe Projekt; Autor E. Kücük; Lizenz CC-BY-NC-ND)

Zweifache Bestätigung der Lokalisierung des „missing link"

Doch zeigt nicht nur die „Flood Story" auf eine Verbindung zwischen Handelnden („Götter"/*Dingir*) und Befehlsempfängern (Ziusudra) im Zusammenhang mit der Großen Flut hin. Das Gilgamesch-Epos und ein römischer Historiker bestätigen die Umgebung des Göbekli Tepe.

Das Gilgamesch-Epos und das „Quellgebiet von Euphrat und Tigris"

Die elfte Tafel des Gilgamesch-Epos in der assyrischen Fassung enthält zwar keinen ausdrücklichen Hinweis auf die Landungsgegend der Rettungs-Arche, aber doch auf den **Verbleib** des Utnapischtim, der in sumerischen Keilschrifttexten Ziusudra oder in der Bibel dem Noah entspricht. Konventionelle Übersetzung:

Zeile 193: Bis jetzt, Utnapischtim, warst du nur ein Mensch.

Zeile 194: Künftig sollen Utnapischtim und seine Frau wie Götter sein.

Zeile 195: In der Ferne, an der Mündung der Flüsse, soll Utnapischtim wohnen.

Man hat viel gerätselt, was dies besagen will und ob Überlieferung und Übersetzung richtig sind. Denn im assyrischen Keilschriftoriginal steht angeblich *pî narâti*, was *an der Quelle der Flüsse* besagt und nicht *an der Mündung*. Endgültige Klarheit bekommt man nur, wenn man beachtet, dass für diese Stelle das Original hier eben nicht die vorstehend als fremde Übersetzung zitierte assyrische Fassung des Gilgamesch-Epos ist. Es gibt eine etwas *ältere* Fassung in Sumerisch. Aber auch bei der wird in den normalerweise zu findenden Übersetzungen konventionell von der „Mündung der Flüsse“ fabuliert. Denn da wird – wie so oft – das sumerische Keilschriftzeichen *ka*$_2$ falsch gedeutet. Es meint ursprünglich nicht *Mund / Mündung*, sondern „Mund“ als *Quelle / Herkunft* (von Worten) und das *sumerische* Original spricht damit das *Quellgebiet der Flüsse Euphrat und Tigris* an, das von Sumer aus tatsächlich – wie direkt dazu im Text postuliert – *in der Ferne,* aber im Norden liegt.

Die Überlieferungen im Klartext: Dem sumerischen *Ziusudra* = assyrischen *Utnapishtim* = biblischen *Noah* wiesen falsch übersetzte „Götter“ = *Dingir* bzw. der auf eine Einzahl reduzierte biblische Gott nach der Archenlandung eine bevorrechtigte Bleibe im Quellgebiet von Euphrat und Tigris zu. Dort befindet sich der Göbekli Tepe und die anderen „total zugedeckten hoch liegenden Lager“.

Archen-Trümmer in der „Landschaft Karrae“

Auch der römische Historiker Flavius Josephus (1. Jahrh. neuer Zeitrechnung) bezieht sich auf die gleiche Gegend. In „Jüdische Altertümer“, Buch 20, Kapitel 2, Abschnitt 2, schreibt er, gemäß einer auf Deutsch lautenden Übersetzung [26], über eine „Landschaft Karrae“ (Hervorhebung durch mich):

„... und es befinden sich dort auch noch Überreste der Arche, in welcher Noe der Sintflut entkommen sein soll. Jedem der sie sehen will, ***werden die Trümmer noch bis auf den heutigen Tag gezeigt“.***

Damit hätten wir einen Zeugen nicht nur für einen Verbleib von Noe/Noah/Ziusudra sondern auch für die identische Lokalisierung von Archenresten.

Noe/Noah soll gemäß diesem Bericht mit seiner Arche letztlich in einer „Landschaft Karrae“ gelandet sein, was analog auch für Utnapishtim oder Ziusudra gelten würde. Mit der deutschen Bezeichnung „Karrae“, dem lateinischen Carrae, ist die heutige Gegend um Harran, richtiger Charran, gemeint. Die liegt in der Türkei nahe der Provinzstadt Sanliurfa. Damit wird eindeutig – wie auch im sumerischen Original des Gilgamesch-Epos gefordert – auf das „Quellgebiet von Euphrat und Tigris“ hingewiesen und noch enger auf die Gegend des Göbekli Tepe und der anderen *„total zugedeckten hoch liegenden Lager“*.

Als ich diese Zusammenhänge zum ersten Mal in [4] und [25] skizziert habe, wurden von mir getreu dem Text der Zeilen 9 – 11 des Abschnittes E der „Flood Story“ als die zwei Zielrichtungen des Handelns der *Dingir* die Chef-Eigenschaft des Ziusudra erstens über die *„Keimzelle der Menschheit“* und zweitens über die *„Röstöfen für die Azetylen-Erzeugung“* angesprochen. Mit anderen Worten: ich nahm an, die Überlebenden der Flut = *„Keimzelle der Menschheit“* seien einerseits in der aufgezeigten Gegend gesammelt, gesiedelt und umfassend unterrichtet worden und hätten andererseits, parallel zum Errichten von Kultstätten, die Erzeugung von Azetylen als Flugtreibstoff ermöglicht.

Die Archäologen, die am Göbekli Tepe ausgegraben haben, betonen jedoch, nennenswerte Siedlungsreste seien bisher nicht zu finden gewesen und die monumentalen Ringe von Steinsäulen seien Kultorte für zeitlich begrenzte Sommer- und Herbstfeste gewesen.

Abb. 13: Kalkbrennofen in Bükkszentkereszt, Ungarn. (Lizenz CC B-Y 4.0, Autor Sándor Zátonyi (ifg) Fizped)

Tatsache ist, dass die großartigen Kalksteinstrukturen deutlich Bildungselemente aufzeigen.

Tatsache ist auch, dass die beim Bearbeiten der Kalksteinsäulen **automatisch anfallenden großen Mengen von Kalksteinbruch nicht zu finden sind.**

Tatsache ist, dass man aus Kalksteinbruch mit Brennöfen Azetylen herstellen kann. Und: Bestätigend kann ich anführen, was die uralten Gründungsmeldungen über Harran/Charran berichten. Dort sei gemäß Aussagen der klassischen Altorientalistik von Anfang an der „Mondgott" verehrt worden. Damit aber ist der *Dingir Nanna/Sîn/ZU.EN* gemeint. Dessen sumerische Bezeichnung kann in einer Deutung wegen des Homophons *zu*$_2$ mit *Herr des Spaltgerätes* übersetzt werden. Darin dürfte ein Hinweis darauf stecken, dass dieser *„Entscheider"* in der Gegend von Harran zumindest ein Steinbrechgerät beaufsichtigt hat, mit dem Kalksteinbruch fürs Kalkbrennen weiter zerkleinert worden ist.

Ein intensiver Meinungsaustausch mit einem meiner Leser lässt mich die durch Archäologen nachgewiesenen jahreszeitlich gedrängten Versammlungen von Überlebenden der Katastrophenzeit inzwischen etwas anders sehen: Keine Kulthandlungen sondern noch stärker ausgeprägter Egoismus der *Dingir*.

Es ging letztlich, wie in [25] vermutet, um die Sicherstellung des wichtigsten Bedürfnisses, das die *Dingir* am Ende der Katastrophenzeit hatten: die Produktion von Treibstoff (Azetylen, Kohlenwasserstoff-Derivate, **aber auch Alkohol**) für ihre großen und kleinen – in den „Tempelhymnen" beschriebenen – *„Geräte"*, den *„Himmel"*, das *„Licht"*, die *Brenner* und *Skorpione.*

* * *

Wem das noch nicht als Beweis mit Artefakten genügt, der kann in [4] über Stellen nachlesen, wo die „Entscheider"-Tätigkeit als solche archäologisch greifbar festzustellen ist, Archäologen aber in der Nähe überhaupt keine zeitlich parallelen Siedlungen nachweisen können. Ich erinnere an

- die 50m-Rundstruktur auf Euböa,

- die Abflachung der Deiras-Kuppe in Argos und
- das „Fort“ der „Götterfestung“ in Hierakonpolis/Nechen.

Was die „Entscheider“-Tätigkeit im Zusammenhang mit Siedlungen angeht, kann ein dann vielleicht immer noch skeptischer Altorientalist die **mehr als hundert Beweise** prüfen, die in der gleichen Quelle präsentiert werden. Sollte er ein Gespür für Geometrien haben, würden ihm **dort** als erstes die seltsamen Kreise auffallen, auf denen alle wichtigen altsumerischen Orte liegen. Und irgendwann könnte er sich über das riesige – etwas schiefe – Pentagramm wundern, das das ganze alte Griechenland mit Mittelpunkt Argos überdeckt.

Und so weiter ...

Die unten gezeigte Abbildung 110 aus [4] wurde bei den damaligen gemeinsamen Arbeiten von Bernd Grathwohl © gestaltet. Sie gilt hier als Abbildung 13, Pentagramm mit Mittelpunkt Argos.

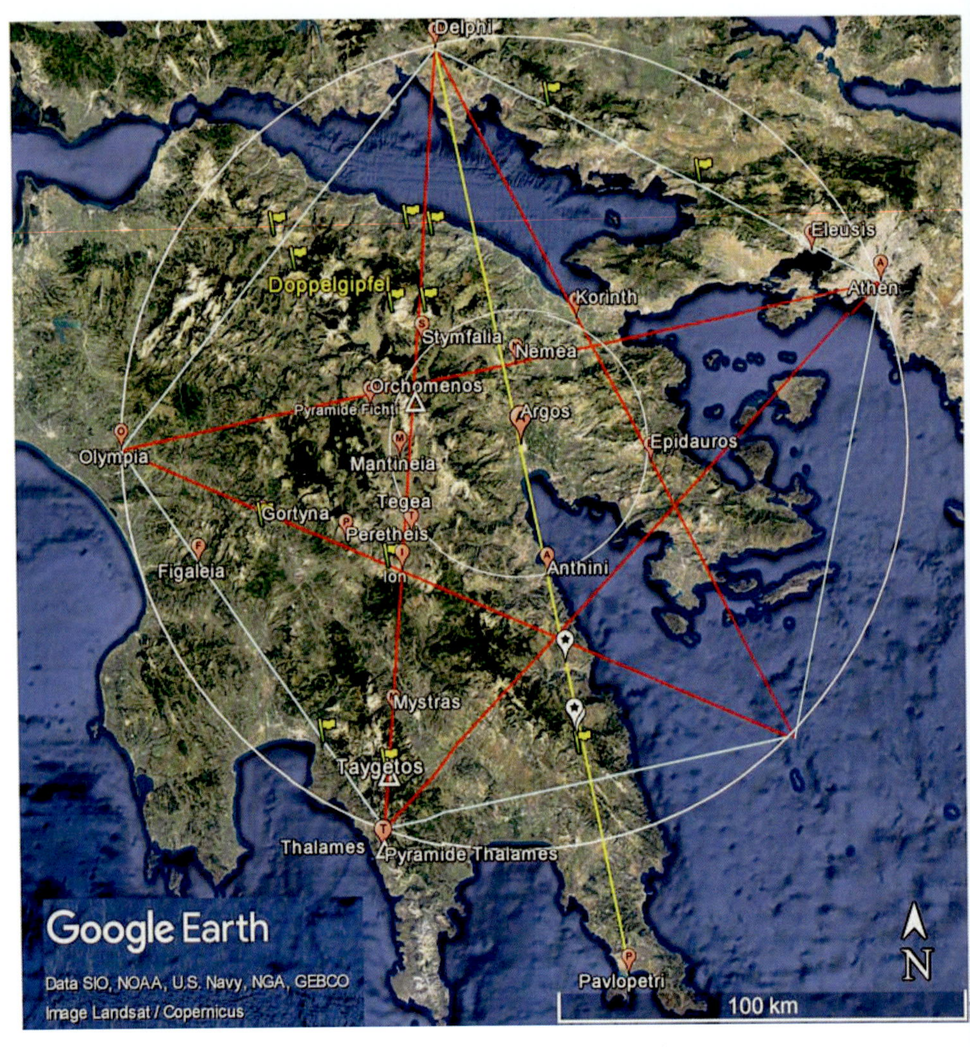

Abbildung 14: Pentagramm mit Mittelpunkt Argos. (Quelle: © Google Earth Pro, Image Landsat/Copernicus, Data SIO,NOAA, U.S. Navy, NGA, CEBCO) Grafik © Bernd Grathwohl

Nachlese

Historisch: Bioethanol am Göbekli Tepe

Die Tatsachen und Überlegungen, die folgen, sind kein direkter Beweis für die einstige Existenz von *Dingir*, doch enthalten sie starke Indizien, die den oben vorgelegten Beweis stützen.

In [1], S. 233/234, habe ich darauf hingewiesen, dass eine der Methoden, Azetylen zu transportieren und als Düsentreibstoff zu verwenden, darin bestanden haben dürfte, es in Alkohol aufzulösen und in dieser Form in die Verbrennung einzubringen. Ein Leser meiner Ausführungen hat dazu eine für mich weitgehend überzeugende These entwickelt.

Herr Henri Morariu wurde 1961 im deutschsprachigen Teil Rumäniens in der Ortschaft Kreuzstätten geboren und ist damit ein „Banater Schwabe". Er spricht Deutsch und Rumänisch und arbeitet als Techniker bei einer Kfz-Firma in Stuttgart. In seiner Freizeit forscht er mit Hilfe technischer und chemischer Experimente über vorzeitliche Technologien.

Seine Überlegungen, von mir ergänzt und zusammengefasst:

Die fast kreisähnlichen oder Ovalen gleichenden Anlagen am Göbekli Tepe hatten, soweit im jetzigen Zustand beurteilbar, außen umlaufende Mauern mit normalerweise 10 – 12 rundum verteilten Pfeilern von mittlerer Höhe, deren T-ähnliches Oberteil teilweise halbseitig zur Anlagenmitte hin verstärkt war. Diese äußeren T-Pfeiler waren damit, aus der Sicht eines Statikers, dazu geeignet, von oben und von der Innenseite her belastet zu werden. Zur Verstärkung der Belastbarkeit diente normalerweise neben einer als Widerlager dienenden zusätzlichen äußeren Umwallung auch eine Konstruktion, die von den ausgrabenden Archäologen als innen umlaufende „Sitzbank" bezeichnet wird, in Wirklichkeit aber als innere Stützwand diente.

Im Innern der Anlagen befanden sich normalerweise jeweils 2 weitere im Durchmesser wesentlich stärkere und bis zu 5,50 m hohe T-Pfeiler. Auf diese konnte, grundsätzlich gesehen, eine Last aufgebracht werden, die ihr Widerlager auf dem äußeren niedrigeren Pfeilerrund gefunden hätte. Indessen konnten nirgendwo Materialien gefunden werden, die auf irgendeine Überdachung konventioneller Art hindeuten. Man muss daher davon ausgehen, dass das verschwundene Material, das auf die Gesamtkonstruktion technisch gesehen aufgebracht werden konnte, nach Stilllegung der Anlagen etwa um 10.400 vor heute so wertvoll war, dass es restlos verwertet worden ist.

Nach Ansicht von Henri Morariu lag auf dem beschriebenen Pfeilersystem jeweils ein mächtiger Kessel aus Kupfer.

Der mächtige Kupferkessel benötigte außer seinem tonnenschweren Gewicht keine Fixierung auf dem Pfeilersystem. Da er außen tiefer auflag als auf den höheren Mittelpfeilern, zeigte sein Unterteil eine Wölbung nach oben und zur Mitte hin. Mit dieser Unterseite formte er so auf den Umgebungspfeilern und den diese verbindenden Mauern einen weitgehend luftdichten Abschluss nach oben. Andererseits ist durch die Arbeit der Archäologen bekannt, dass die stützenden Außenmauern der Anlagen an einer Stelle jeweils vertikal unterbrochen waren, um dort Zugang und Luftausgleich zu ermöglichen.

Man kann sich ohne Probleme vorstellen, dass der jeweilige Kupferkessel an seiner vielleicht ziemlich flachen Oberseite zumindest eine, wenn nicht zwei große Schiebetüren hatte. Eine ähnliche Konstruktion ergibt sich nämlich aus dem Textzusammenhang in den „Tempelhymnen“ in Z 161 für das Tempeldach in Ga’esch, wo in der Vorzeit mit *„glänzendem Kupfer“* gearbeitet worden sein soll. Durch eine derartige Flach-Schiebetüre konnte in einem ersten Produktionsschritt Biomasse zur Vergärung eingebracht werden. Durch die Vergärung des enthaltenen Zuckers bzw. der enthaltenen Stärke entstand dann alkoholhaltige Maische. Um aus dieser Maische Alkohol zu destillieren, musste der Kesselinhalt in einem dritten Schritt auf mindestens 86° aufgeheizt und das Destillat unter 100° über oben liegende Röhren abgeführt werden.

Dazu war der Aufbau einer kontinuierlichen und gut steuerbaren Energiezufuhr erforderlich. Zwar wäre es angesichts der technischen Kenntnisse der meiner Ansicht nach bei der Alkoholproduktion befehlsgebenden *Dingir* denkbar, diese hätten elektrische Energie eingesetzt, doch sind keinerlei Hinweise in dieser Richtung in dieser Gegend für die fragliche Zeit zu finden.

Abb 15: Göbekli Tepe, Anlage B. (Copyright DAI Orientabteilung. (Lizenz CC-BY-NC-ND; Autor Irmgard Wagner)

Für Anlage B am Göbekli Tepe wird aber berichtet, insbesondere [27], die beiden zentralen T-Pfeiler hätten jeweils in einem Verstärkungssockel geruht, die ihrerseits beide auf einem Terrazzo-Fußboden standen. In diesen war vor Pfeiler T 9 eine Art steinerne Pfanne eingelassen, zu der – gemäß Henri Morariu – von der Außenwand her eine kleine Rinne führte. In diese Rinne konnte – ebenfalls Henri Morariu

– durch ein noch sichtbares Loch in der Umgebungswand Flüssigkeit eingeführt werden. Dies deutet auf eine brennbare Heizflüssigkeit hin. Rußspuren konnten indessen bisher keine gefunden werden. Das lässt sich erklären, wenn als Heizmittel Bioethanol verwendet worden ist.

Da der aus Biomasse erzeugbare Alkohol selbst ein Bioethanol wäre, setzt dies voraus, dass irgendwo – gewissermaßen als Vorproduktion - Bioethanol hergestellt worden ist. Dazu bot sich als Brennstoff einmalig Holz an oder, wie meiner Ansicht nach sumerische Berichte nahelegen könnten (siehe „Tempelhymne“ Nr. 21, Z 266), *„schwarzes Holz“*, d. h. ein Erdölderivat. Dass die *Dingir* Derartiges herstellen konnten, beweist die Priesterfürstin Encheduanna, wie weiter oben berichtet, in eben dieser „Tempelhymne“ Nr. 21.

Nach Abschluss des Produktionsprozesses konnte die im Kessel verbleibende Trockenmasse durch die vorstehend von mir als sinnvoll erkannten flachen Schiebetüren über die Oberseite entsorgt werden.

Damit stellt sich letztlich die Frage nach der zu vergärenden Biomasse. Henri Morariu tippt auf die in Anatolien zur fraglichen Zeit, d. h. während und kurz nach der Mittleren Dryas, wild und verbreitet wachsende Grasart „Wildes Einkorn“ (*Triticum monococcum L.*), den Vorläufer heutiger Brotsorten. Es stellt an den Boden keine besonderen Anforderungen.

Ergänzend darf ich auf die im Netz zu findenden gewissermaßen offiziellen *„tepetelegrams“* des „Deutschen Archäologischen Instituts“, DAI, Autor Laura Dietrich, verweisen. Diese berichten, [28], man habe mehr als 7.000 Mahlsteine gefunden. Diese seien meist benutzt worden zum Mahlen von frühen Getreidesorten aller Art, von Nüssen, Mandeln und Gemüsesorten – alles mögliche Maischegrundstoffe ...

Wenn man von den Forschungsergebnissen der Archäologen ausgeht, gibt es am Göbekli Tepe und in seiner Nähe und den vergleichbaren Anlagen der Umgebung keine begleitenden echten Siedlungsreste. Die Anlagen seien im Wesentlichen, so wird betont, nicht ganzjährig genutzt worden. Archäologen gehen vielmehr im Netz in den

„tepetelegrams“ [29] davon aus, Sammler und Jäger hätten sich im Sommer und zur Erntezeit aus nahen und entfernteren Gegenden dort versammelt, um eine Art verlängertes rituales Erntefest zu feiern. Sie verweisen an anderer Stelle – man staune bitte – auch auf Spuren von Bierbrauerei, was die Beherrschung der Vergärungstechnik voraussetzt.

Wie inzwischen von mir gefunden, hat Frau Dr. Dietrich ihre Forschungsergebnisse zusammen mit einem anderen Autor im Einzelnen inzwischen in [30] veröffentlicht. Zwei Punkte möchte ich dabei hervorheben.

Erstens bezeichnet sie die Anlage am Göbekli Tepe wörtlich eindeutig als „Mehlmanufaktur“. Zweitens will Frau Dr. Dietrich durch umfangreiche praktische Experimente mit aufgefundenen Mahlsteinen (rd. 7.000 !) festgestellt haben, dass überwiegend *Grob*mehl produziert worden ist. Die Nahrungsaufnahme der sommerlichen und herbstlichen Besucher des Göbekli Tepe hätte ihrer Ansicht nach daher weniger aus Brot und Fladen bestehen können denn aus dickflüssigem Mehlbrei.

Diese Forschungsergebnisse dürften meine Deutung der *„zugedeckten Lager“* am Göbekli Tepe und den mindestens fünf anderen Stellen in der Umgebung unterstützen:

Es ging nicht, wie Archäologen grundsätzlich meinen, um „Kultfeste“ und „Götter“-Opfer und „Biergelage“. Vielmehr diente die „Mehlmanufaktur“ mit ihrem vorherrschenden Ausmahlen von grobem Mehl zur massenhaften Erzeugung von Maische-Grundstoff, mit dem dann größere Mengen Bio-Ethanol als Beimischung zum Antrieb von Flugapparaten hergestellt werden konnten.

So ist es, wenn man alles zusammennimmt, auch meiner Ansicht nach durchaus glaubhaft, dass es zur Erntezeit am Göbekli Tepe und den anderen Anlagen zur Produktion von Bioethanol gekommen ist. Ich persönlich habe jedoch Zweifel, dass man angesichts der Anzahl der Anlagen sogar in deren weiterer Umgebung wild wachsend genügend Einkorn oder andere zucker- bzw. stärkehaltige pflanzliche Teile in genügendem Umfang ernten konnte. Jedoch bieten sich zwei Auswege an.

Erstens könnte bewusster Anbau und bewusstes Ernten früher als bisher geschichtlich bekannt **von den *Dingir*** gefördert worden sein, was dann eine Ursache für den dort später sich ausdehnenden „*Fruchtbaren Halbmond*" war. Vergleiche meine erläuternden Ausführungen im Abschnitt „Suchen, züchten, siedeln" von [4]. Ziemlich sicher dürfte es daher, jedenfalls zeitweilig, von den *Dingir* erlassene weiträumige Anbau- und Lieferverpflichtungen gegeben haben ...

Zweitens sollte angesichts der technologischen Kenntnisse der *Dingir* nicht ausgeschlossen werden, dass mit entsprechenden Hilfsstoffen alternativ zur Vergärung von Zellulose geschritten worden ist. Dafür gab es – auch mit Schilf und Holz – in der näheren und weiteren Umgebung damals wahrlich genügend Grundstoffe ...

* * *

Henri Morariu vertritt die Auffassung, es lohne sich, insbesondere auch die etwa 24 Mega-Steinkreis-Tempel auf Malta dahingehend zu überprüfen, ob dort Anzeichen oder Bedingungen zu finden sind, die eine vorzeitliche Produktion von Bioethanol wahrscheinlich erscheinen lassen. Immerhin zeigten dort einige Altäre seltsame Abnutzungserscheinungen, die darauf hinweisen, dass etwas – Körner zur Maischeerzeugung? – gerieben worden ist.

Persönlich: Niemand ist perfekt ...

Die klassische Altorientalistik wird in diesem Buch oft angesprochen. Mein Ton ist dabei teilweise leicht ironisch und es fallen Qualifikationen wie „Irrungen" und „Wirrungen".

Auch ich bin in meinen Arbeiten sicherlich nicht perfekt. Wer genau hinsieht, wird beim Vergleich der Übersetzungen in diesem Buch mit einigen meiner früheren Findungen bemerken, dass ich immer wieder versucht habe, die deutschsprachige Widergabe der uralten Texte – sagen wir mal – mit einem erweiterten Verständnis nachzuschärfen. Man lernt dazu und sollte Korrekturen seiner eigenen Meinung zulassen. Ich jedenfalls bin bereit dazu ...

Indessen: Obwohl sogar der Leiter des Biblischen Instituts der römisch-katholischen Kirche, Professor Anton Deimel, schon vor beinahe 100 Jahren die einstige Existenz der *Dingir* als gläubiger Christ – und damit wohl äußerst unverdächtiger Zeuge – wissenschaftlich belegt hat, wehrt sich die Créme der Altorientalistik bis jetzt, dazu zu lernen und diese Tatsache anzuerkennen.

Das wäre nicht wichtig / nicht schlimm / nicht relevant / nicht zu bedauern, wenn damit nicht die Geschichte der Menschheit übel verfälscht würde !!!

Ich rätsele seit meinem Studium, weshalb sich die hochbegabten Herren der Orthodoxie den wissenschaftlich belegten Tatsachen verschließen.

Haben die seriösen Akademiker Angst, in die Gruppe derjenigen eingeordnet zu werden, die an Besucher aus dem All glauben, ja vielleicht dafür als Zeugen angezogen zu werden?

Nichts sollten sie weniger fürchten, als das!

Auch wenn die Besatzungstruppe der *Dingir* ohne jeden Zweifel aus einem Orbitalvehikel herabgestiegen ist, nirgendwo, ich betone nirgendwo, ist meines Wissens mit einer sumerischen alten Schriftquelle wissenschaftlich nachzuweisen, sie seien von einem anderen Planeten oder „von den Sternen“ gekommen.

Ihr Wirken im Vorderen Orient um und ab etwa 13.500 vor „heute“ liegt aber klar auf der Hand und kann nicht mehr bestritten werden. Woher sie kamen, sollte wissenschaftlich erforscht werden.

Man untersuche vielleicht auch die 4.000 bis 5.000 Jahre der Erdgeschichte vor Beginn der Jüngeren Dryas, während denen nach Ende der letzten Eiszeit das Meeresniveau zwar nur langsam aber um mehr als 100 m angestiegen ist. Ganze Kontinente sind versunken, auf denen während langen, langen Zeiten unbestritten Menschen lebten – und Zeit hatten, kreativ tätig waren.

Verschwanden auch technologisch hochstehende Gebiete???

Immerhin haben aus heutiger Sicht schon die letzten 2.000 bis 3.000 Jahre völlig ausgereicht, die jetzige Zivilisation mit ihrer Raumstation zu entwickeln …

* * *

Die große Frage: Waren die in der vorgeschichtlichen Zeit mit dem Orbitalvehikel *„Himmel"* die Erde umkreisenden *„Entscheider"* ursprünglich privilegierte Flüchtlinge, die mit Hilfe ihrer fortschrittlichen Technik irgendwo auf der Erde dem enormen Meeresanstieg entfliehen konnten, der ab Ende der letzten Eiszeit ganze Kontinente – um mehr als 100 m! – versinken ließ?

Welche Argumente sprechen gegen diese Deutung? In Keilschrifttexten finde ich bisher keine ...

Abbildungen

Quellen

[1] Burgard, Hermann, Encheduanna: Geheime Offenbarungen, Ancient Mail Verlag, Groß-Gerau, 2012

[2] Sjöberg, A. W., und Bergmann, E., The Collection of the Sumerian Temple Hymns, J. J. Augustin Publisher, Locust Valley, N.Y., 1969

[3] Zgoll, Annette, En-hedu-Ana: Tochter Sargons, Gemahlin des Mondgottes, in : J. Kügler und L. Bormann (Hrsg.), Töchter (Gottes), Studien zum Verhältnis von Kultur, Religion und Geschlecht, Bayreuther Forum 8, Münster, 2008, S. 7 ff.

[4] Burgard, Hermann und Grathwohl, Bernd: Pyramiden, Flut und Wiedergeburt; Books on Demand, 2020; ISBN 978-3-750441-33-0

[5] Deimel, Anton: Sumerisches Lexikon, Heft 1, Vollständiges Syllabar, Verlag des Päpstlichen Bibelinstituts, Rom, 1925

[6] Krebernik, Manfred, Die Götterlisten aus Fara, ZfA, 76 (1986), S. 161 – 204

7] Labat, René, Un calendrier babylonien des travaux, signes et des mois, Librairie Honoré Champion, Paris, 1965

[8] Langdon, Stephen, A sumerian grammar and chrestomathy with a vocabulary of the principal roots in sumerian and a list of the most important syllabic and vowel transcriptions, Librairie Paul Geuthner, Paris, 1911

[9] Jestin, Raymond-Riec, Notes de Graphie et Phonétique Sumeriennes, Librairie Honoré Champion, Paris, 1965

[10] Halloran, John A., Sumerian Lexicon, Version 3.0, unter: www.history-world.org / Sumerian(1).pdf

[11] ePSD; Homepage: *psd.museum.upenn.edu/epsd/nepsd-frame.html*

[12] Burgard, Hermann, NIBIRU gesucht – Raumstation *HIMMEL* gefunden, Ancient Mail Verlag, Groß-Gerau, 2016

[13] Burgard, Hermann, Encheduanna: Verschlüsselt – Verschollen – Verkannt, Tempelhymnen Nr. 20 – 42 mit neuen Geheimen Offenbarungen, Ancient Mail Verlag, Groß-Gerau, 2014

[14] ETCSL, The Electronic Text Corpus of Sumerian Literature; unter: *www. http: // etcsl.orienst.ox.ac.uk*

[15] Krecher, J., und Jagersma, B., Sumerian Temple Hymns, ursprünglich 1996, leicht weiterentwickelt bis 1.999 in www.etcsl.orient.ox.ac.uk / *section4* / *c4801.htm*

[16] De Shong Meador, B., "Princess, Priestess, Poet", The Sumerian Temple Hymns of Enheduanna, University of Texas Press, Austin, 2009

[17] Papke, Werner, Die Sterne von Babylon, Gustav-Lübbe-Verlag, BergischGladbach,1989

[18] Münchner SUMERISCHER ZETTELKASTEN, unter: www.https://assyriologie.uni-muenchen.de

[19] Sumerische Glossare und Indizes (SGI), Belegsammlung, bearbeitet von Walter Sommerfeld, Version 1.1, 2014

[20] Jacobsen, Th., The Sumerian King List, Oriental Institute of the University of Chicago, Assyriological Studies – NO. 11, University of Chicago Press

[21] Sjöberg, Ake, Der Mondgott Nanna-Suen in der sumerischen Überlieferung, I. Teil: Texte, Almquist & Wiksell, Stockholm, S. 123 – 131, Das Tempellied auf das Heiligtum Ekischnugal in Ur; und: S. 137 – 139, Das Tempellied auf das Heiligtum in *u-ru-um ki*

[22] Reallexikon der Assyriologie, online-Fassung

[23] Kramer, Noah, Dilmun, The Land of the Living, Bulletin of the American Schools of Oriental Research, No 96, Dez. 1944, Fußnote S. 18/19

[24] Jacobsen, Th., The Eridu Genesis, Journal for Biblical Literature, Vol. 100, 1981, S. 513 – 529

[25] Burgard, Hermann, Flutheld Ziusudra, Research Papers Nr. 1, Forschungsgesellschaft für Archäologie, Astronautik und SETI, Ancient Mail Verlag, 2020

[26] Josephus, Flavius, Jüdische Altertümer, Buch 1, Übersetzung Dr. H. Clementz; online: https://Archive.org/stream/Josephus

[27] Göbekli Tepe – Anlage B, online: https://www.dainst.org/projekt/-/projekt-display/267996

[28] DAI BLOGS, Laura Dietrich, Cereal processing at Early Neolithic Göbekli Tepe

[29] Cultural change, online: https://www. *dainst.blog/the-tepe-telegrams/2019/10/2/new-publication-markers-of-psychocultural-change*

[30] Dietrich, L. und Haibt, M., Bread and porridge at Early Neolithic Göbekli Tepe: A new method to recognize products of cereal processing using quantitative functional analysis of grinding stones, Journal of Archaeological Science: Reports, Vol.33, Oct. 2020

[31] Salibi, Kamal, Die Bibel kam aus dem Lande Asir, eine neue These über die Ursprünge Israels, Rowohlt, Hamburg, 1985

[32] Salibi, Kamal, Secrets of the Bible People, Saqi Books, London, 1988

[33] Römer, Wilhelm, Das sumerische Kurzepos Bilgamesch und Akka, Neunkirchen-Vluyn, 1980

[34] Tafel NBC 7799; vgl. Fußnote 22 bei: Beginning and End of the Sumerian King List, Journal of Cuneiform studies, Vol. 17, Chicago, S. 85 – 89

[35] Zgoll, Annette, Der Rechtsfall der En-chedu-Ana im Lied nin me-sara, Bd. 246, Alter Orient und Altes Testament, Ugarit-Verlag, Münster, 1997

[36] Zimmern, H., Ein Zyklus altsumerischer Lieder auf die Haupttempel Babyloniens, Zeitschrift für Assyriologie und verwandte Gebiete, Bd. 39 (1930)

[37] Mittermayer, Catherine, Altbabylonische Zeichenliste der sumerisch-literarischen Texte, 2006

[38] Selz, G. J., On some Mesopotamian Early Dynastic toponyms, in: Göttinger Miszellen, Beihefte Nr. 14, S. 317 – 326, Göttingen, 2013

[39] Selz, G.J., Who is a God, A Note on the Evolution of the Divine Classifiers in a Multilingual Environment, in: Libiamo ne` lieti calici, AOAT, Bd. 436, S. 605 – 614,Ugarit Verlag, Münster, 2016

[40] Leserkommentar zu [4] bei Amazon/Bücher

Weitere Literatur zu diesen interessanten Themen finden Sie im Verlagsprogramm des Ancient Mail Verlags:

Dr. Hermann Burgard

Encheduanna

Geheime Offenbarungen

Oberflächlich als Tempelhymnen bezeichnete 4.300 Jahre alte Berichte einer sumerischen Priesterfürstin über Personen, Bauten, Ereignisse und Errungenschaften aus einer schon für sie selbst fernen Vorzeit mit dem Originaltitel „Bewunderswert aufragend ..."

Entdeckt, entschlüsselt, übersetzt und kommentiert von Dr. Hermann Burgard

ISBN 978-3-943565-03-4, Paperback, Din A5, 292 Seiten, **€ 17,80**

Verschlüsselte Keilschrifttexte einer sumerischen Priesterfürstin und Königstochter, seit Babylon verschollen und verkannt, enthalten zahlreiche durch andere Quellen unterlegte Tatsachenhinweise, die für die Zeit vor und nach einer Großen Flut unser Geschichtswissen fundamental ergänzen, die keineswegs „göttlichen", vielmehr ernüchternden Hintergründe der damaligen Staatsreligion aufzeigen und umfangreiche Eingriffe vom Firmament her belegen. Sie beschreiben außerdem für diese Vorzeit bildhaft mit genauen Einzelheiten technologische Errungenschaften, deren erneute Realisierung uns erst im letzten Jahrhundert gelang oder gar heute noch in der Zukunft liegt.

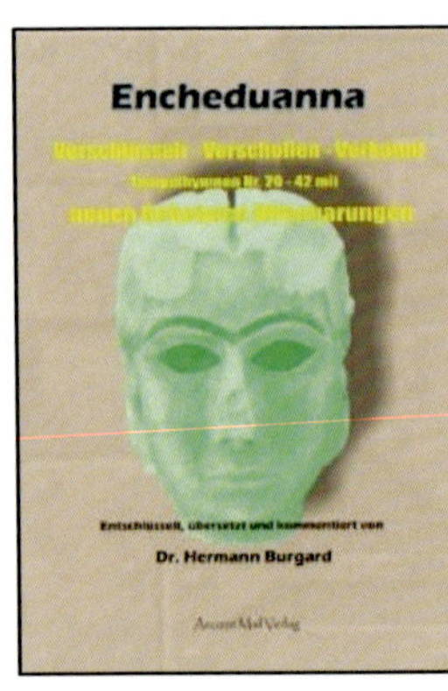

Dr. Hermann Burgard

Encheduanna

Verschlüsselt – Verschollen - Verkannt

Tempelhymnen Nr. 20 – 42 mit neuen Geheimen Offenbarungen

Entschlüsselt, übersetzt und kommentiert von Dr. Hermann Burgard

ISBN 978-3-95652-089-1, Paperback, Din A5, 326 Seiten, **€ 17,80**

Das älteste namentlich gezeichnete Dokument der Weltgeschichte berichtet in Sumerisch etwa um 2.300 vor unserer Zeitrechnung von einer Besatzungsmacht, die lange vorher aus einer „Oben-Gerät" oder „Himmel" genannten Raumstation herabgestiegen war.

Encheduanna, die Autorin der modern „Tempelhymnen" genannten Texte, war eine doppelte Hohe Priesterin und sumerische Königstochter. Als oberste Repräsentantin des Staatskultes herrschte sie über Tempel und Tempeldienst. Wenn es Tempel und Tempeldienst gab, kann kein vernünftiger Mensch annehmen, erste Tempel und erster Dienst seien in einer fernen Vorzeit gewissermaßen aus sich heraus ohne Grund und Zweck entstanden. Am Anfang müssen reale Ereignisse und treibende Kräfte gestanden haben.

Encheduanna teilte der Nachwelt ihr Einweihungswissen über Persönlichkeiten, Taten und Technologien der Dingir /DI.IN.GIR = „Entscheider die sich mit Fluggeräten bewegen" verschlüsselt mit. Beinahe 4.000 Jahre war dieses Wissen verschollen, irgendwo vergraben auf mit Keilschriftzeichen bekritzelten Tontafeln. Als man dann in der ersten Hälfte des zwanzigsten Jahrhunderts die Tafelstücke langsam zusammenklaubte, wurde ihr Inhalt zunächst verkannt. Man glaubte, Götter-Folklore entdeckt zu haben, statt den wahren Inhalt zu ahnen:

Übermächtige Befehlsgeber aus einer Raumstation organisierten sich mit modernster Technologie bei einem auserwählten Volk auf der Erdoberfläche einen Freiraum. Unbotmäßigkeit wurde bestraft, Feinde wurden vernichtet oder zu todbringenden Sklavendiensten deportiert. Die Eingeweihte beschreibt dabei mit erstaunlichen Einzel-heiten viele Techniken, die wir in den letzten anderthalb Jahrhunderten als bisher unerreichten Fortschritt gefeiert haben oder die heute gerade erst angedacht werden, aber noch nicht verwirklicht sind ...

Dr. Hermann Burgard

NIBIRU gesucht – Raumstation HIMMEL gefunden

Uralte Keilschrifttafeln offenbaren verwirrende Erkenntnisse über die Entstehung unserer Zivilisation

ISBN 978-3-95652-179-9, Paperback, Din A5, 169 Seiten,
14 zum Teil farbige Abbildungen, **€ 16,90**

Millionen Menschen glauben, in grauer Vorzeit habe ein Planet NIBIRU (oder so ähnlich) zeitweilig unser Sonnensystem besucht und diesem seine jetzige Form verpasst. Er komme eines Tages aus dem „Außenraum" wieder. Auf der Suche nach diesem behaupteten Eindringling werden in diesem Buch alle bekannten Keilschriftstellen überprüft, an denen eine ähnliche Bezeichnung aufscheint. Es kommt ans Tageslicht, dass auf der Basis der fehlerhaften Übersetzung eines deutschen Professors und der eingestandenen „nächtlichen Eingebung" des Erfolgsautors Sitchin ein modernes Märchen entstanden ist. In keinem sumerischen, babylonischen oder assyrischen Keilschrifttext ist die Spur eines derartigen Planeten oder Sterns zu entdecken. Stattdessen stößt man auf einen Né-bé-ru oder so ähnlich. Das aber bedeutet auf Babylonisch/Assyrisch „Fähre" und spricht das Verbindungsschiff an, das gemäß den „Tempelhymnen" der sumerischen Priesterfürstin Encheduanna zwischen der vorzeitlichen Raumstation „Himmel" und der Erde verkehrte. Als Pilot dieses „Gerätes" erscheint in den Keilschrifttexten ein Dingir Né-bé-ru, Der mit der Fähre. Dieser erweist sich als Persönlichkeit aus Fleisch und Blut von der Befehlsebene einer vorzeitlichen Besatzungstruppe, die von den Sumerern „Entscheider/Befehlsgeber, die sich mit Fluggeräten bewegen" genannt wurde. In einer der untersuchten uralten babylonisch/ assyrischen Quellen wird diesem Piloten und seiner Weltraum-„Fähre" ein „Raum" zugewiesen, der an ein „Anu-Band" angrenzt. Dieses „Band des Anu" (sumerische Bezeichnung: „Weg des An") wird anhand anderer uralter Quellen als Umlaufbahn der vorzeitlichen Raumstation um den Erdäquator erkannt. Deren konkrete Lokalisierung erfolgt mit Hilfe einer computergestützten Berechnung in Analogie zur modernen Internationalen Raumstation. Die vorzeitliche Raumstation wird auf ihrem antiken Überlieferungsweg dann bis zum Himmel Abrahams und Jakobs verfolgt. Mehr als ein Dutzend neu übersetzte Keilschriftstellen aus den verschiedensten sumerischen Zeiten und Gegenden bestätigen schließlich mit erstaunlichen technischen Einzelheiten die Existenz dieser Raumstation unter der sumerischen Bezeichnung mul-an, wörtlich „Himmelsobjekt des An".

Dr. Hermann Burgard

Flutheld Ziusudra

Ziusudra war nach der Flut nicht König in Dilmun, sondern im „Land der Steinbrüche und Karbid-Brennöfen"

Mit einem Vorwort von Erich von Däniken

ISBN 978-3-95652-286-4, Taschenbuch, 76 Seiten, 9 s/w-Abbildungen, **€ 10,70**

Bisher wurde einmütig von allen Lehrkanzeln die These verkündet, die in sumerischen, akkadischen, babylonischen und assyrischen Keilschrifttexten zu findenden Dingir, Wesen mit überragenden technischen Eigenschaften, seien lediglich religiös zu begründende „gedankliche Ausformungen menschlicher Hirne" gewesen. Doch: Konnten „gedankliche Ausformungen" fliegen? Hatten sie „Hin-und-Her-Verkehr" mit einer Orbital-Raumstation? Benötigten sie Azetylen für ihre Flugapparate? Brauchten diese Dingir neben Oberflächen-Erdöl den Kalksteinbruch zur Erzeugung des effizienten Brenngases Azetylen?

Wissenschaftlich fundiert beleuchtet Dr. Hermann Burgard mit außerordentlicher Sachkenntnis eine spannende Frage der Weltgeschichte.

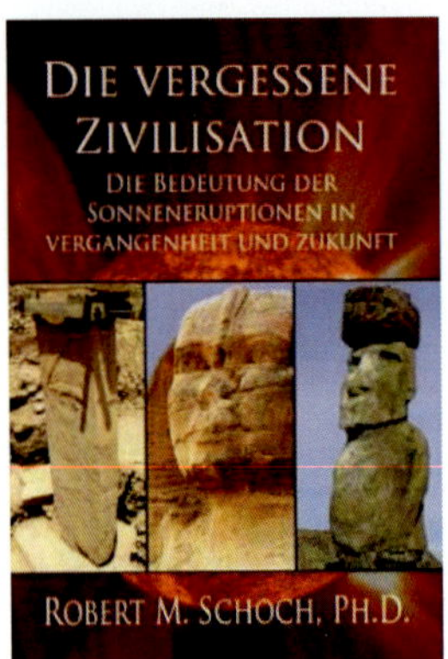

Robert M. Schoch, Ph. D.

Die vergessene Zivilisation

Die Bedeutung der Sonneneruption in Vergangenheit und Zukunft

ISBN 978-3-95652-078-5, Din A5, Paperback, 423 Seiten, 25 s/w-Abbildungen, 14 Farb-Abb., **€ 22,80**

Das plötzliche Erscheinen von Zivilisation im Jahre 3.000 v. Chr. stellt nicht das erste Auftauchen einer Zivilisation dar. Eher ist es das erneute in Erscheinung treten einer Zivilisation nach ungefähr 5.000 oder mehr Jahren. Natürlich gibt es erwiesenermaßen eine Kultur in der Zeit von 10.000 v. Chr. bis 9.000 v. Chr., also tausend Jahre früher als die Ägyptische Dynastie und ihre Zeitgenossen in Mesopotamien und dem Industal.

Dieses früheste Erblühen einer Zivilisation wurde im Allgemeinen von der Menschheit vergessen, obwohl Hinweise darauf immer noch in Heiligen Inschriften, überlieferten Legenden und uralten Texten gefunden werden können. Der Garten Eden, Erzählungen über ein Goldenes Zeitalter und Platos Erzählungen über Atlantis könnten alle als Referenz für diese ursprüngliche Zivilisation dienen. Jetzt ist es an der Zeit, ihr Erbe anzutreten.

Unsere Welt ist voller Rätsel –

Wir wollen helfen, sie zu lösen!

Bücher und Informationen zu den Themenkreisen Archäologische Rätsel dieser Welt, Paläo-SETI, Grenzwissenschaften, Sagen und Mythen.

Fordern Sie einfach *kostenlose* weitere Informationen an – per Postkarte, Fax, Telefon oder eMail beim